Piekje

Wike Veldsink-Stoel

Piekje

Wike Veldsink-Stoel

Schrijfster : Wike Veldsink-Stoel
Uitgeefster: Wike Veldsink-Stoel
Coverontwerp: Cover Creator
ISBN:978-90-824872-0-6
Copyright©2016 Wike Veldsink-Stoel
Website: www.piekje.nl
Facebook: https://www.facebook.com/piekje
Twitter: https://twitter.com/Piekjesblog

Voor mama.

Toen ik niet meer streefde te zijn, wat van mij verwacht werd, bleek ik te zijn, wat men van mij verwachtte.

Alledaagsheid en eenvoud bleken mijn grootste geluk en kracht te zijn, mijn leven enerverend, avontuurlijk, hilarisch en rijk te maken en mijn onzekere hart en altijd rennende brein tot rust te brengen.

Waar geluk bleek zich in het alledaagse en al zijn schitterende eenvoud te verstoppen.

Inhoudsopgave

1. De spijker

Bloednerveus dribbel ik de keuken op en neer, me bewust van zijn aanwezigheid in de kamer ernaast. Ik trek de koelkast open en speur naar iets eetbaars, iets waarmee ik een fatsoenlijk ontbijt op tafel kan zetten. Hier had ik namelijk helemáál geen rekening mee gehouden. De bedoeling was vandaag op mijn gemakje de boodschapjes te halen, na een uitgebreide pyjamadag. Pijnlijk bewust van de slaapkreukels in mijn gezicht, mijn opgezette dopogen die getuigen van een nacht doorzakken en de geur van bier en sigaretten die me aan me vast zijn blijven plakken vanuit het café en me vergezellen bij elke stap, haal ik berustend mijn schouders op. Te laat voor schone schijn.

Het zal vast heel romantisch bedoeld zijn, om na zijn nachtdienst, een uur te jakkeren naar the middle of nowhere om mij te verrassen met zijn impulsieve bezoekje, maar wat mij betreft had hij dat beter kunnen laten. In eerste instantie had ik het bescheiden deurbelletje genegeerd, had me verstopt onder de dekens en was weer dankbaar verdronken in het niets van de slaap. Toen vervolgens mijn telefoon met een wolvengeluid een SMS-je aankondigde en vijf minuten later heel bescheiden, dat wel, weer op de deurbel werd gedrukt, ging ik vloekend overeind zitten. Er zou toch niets aan de hand zijn?! Ik luister naar de geluiden van buiten, besnuffel de lucht naar brandlucht, je weet het tenslotte maar nooit, maar hoor en ruik niets zorgwekkends. Weer huilt de wolf. Ik kijk op de wekker. Kwart over zeven. Verdomme! Welke malloot staat er nou op zaterdagochtend zo

1

vroeg voor mijn deur! Dat kan nooit goed zijn. Struikelend over mijn vannacht haastig uitgetrokken kleding die her en der over mijn kamer verspreid liggen, bereik ik de deur. Voorzichtig kijk ik om het hoekje de gang in, richting de voordeur, dankgebedjes schietend dat ik die onlangs heb voorzien van ondoorzichtig plakplastic. Alleen dat werkt wel beide kanten op, realiseer ik me nu. Ik ontwaar alleen een grote gestalte voor mijn deur.

Ik aarzel, loop terug naar mijn bed, pak de telefoon en lees de SMS-jes. Fuck, fuck, fuck! Híj staat voor de deur! Besluiteloos sta ik te staren naar zijn SMS-je: 'Ik ben het. Verrassing!'

Dan hoor ik de bovenburen in beweging komen. Shit! Straks alle buren ook nog wakker. Ik haast me de gang in en schuif snel de sloten weg en draai de deur van het slot. Ik zwaai de deur open en staar wezenloos naar de in leer verpakte motorduivel die voor de deur staat. Ik kan er niets aan doen, maar ik krijg knikkende knietjes en pers er dommig een lachje uit. Achter hem zie ik het gordijntje voor de voordeur van de buren naast me, opzij wapperen en ik vang een glimp op van het boze oog van mijn buurman. Haastig trek ik de idioot naar binnen, die de komende week zal zorgen voor de broodnodige roddels en sluit de deur. Daar staan we dan een volle minuut achterlijk naar elkaar te grijnzen, voordat ik hem met een blaf de woonkamer in stuur en aankondig eerst maar eens koffie te gaan zetten.

Opgelucht constateer ik dat er nog welgeteld drie plakjes brood liggen. Ik bekijk de datum op het halve pak melk dat er staat: van vandaag, dus moet kunnen. Ik snuffel voor de zekerheid aan het

pak, schenk een half glaasje in en neem een slokje. Prima, niks mis mee. Nu het beleg. Ik heb alleen kersenjam. Ik smeer de boterhammen gewoon alvast en zet het straks als een fait accompli
voor hem neer. Ik bekijk het dienblad: het is nog
een beetje kaal. Ik schil een appel in partjes, leg
dat een beetje leuk op een schaaltje en zet het erbij. En dan natuurlijk de koffie. Ik schep de koffie
in het filter en weet halverwege niet meer waar ik
was. Ik giet de koffie weer terug en begin opnieuw.
    Terwijl de koffie druppelt, spiek ik om het
hoekje. Hij zit relaxed op de bank, zijn lange benen in een rare hoek, doordat mijn bank is door-
gezakt, maar toch op de één of andere manier
compleet op zijn gemak. Hij zit met iets kleins in
zijn handen te pielen en lijkt zich niet bewust van
mijn nerveuze gehannes in de keuken.
    Na wat voor mijn gevoel uren duurt, is de kof-
fie klaar en begeef ik mij, zo charmant als dat
kan, in mijn longshirt, geitenwollen sokken en
Piekhaar, met het dienblad naar de woonkamer.
Hij glimlacht naar me op een verlegen, onwennige
manier. Dat zorgt ervoor dat mijn maag zich om-
keert en mijn darmen spastisch samentrekken.
(Oké, goed dan: de eerste vlinders laten zich voelen. Maar ik ben nog in ontkenning.)
    Ik zet het dienblad op mijn salonkist en ga er
naast zitten. Om vervolgens gillend tegen het plafond te springen en jankend rond te dansen. Een
scherpe pijn drilt zich een weg door mijn rechter-
bil. Verbijsterd staren hij en ik naar het ding wat
in mijn bil steekt.
    Het dingetje waar hij net mee zat te pielen,
bleek de drie centimeter lange spijker met viltje te

3

zijn, die onder de poot van het bijzetkastje hoort te zitten, om de grond te beschermen tegen krassen. Deze was er onlangs op de één of andere manier af gewiebeld en had ik in een schaaltje op tafel gelegd. En daar had hij dus mee zitten hannesen en deze had hij gedachteloos weer op tafel gelegd, met de spijker omhoog, toen ik binnenkwam met het dienblad. De spijker zit vast in het bot van mijn kont en pas na minutenlang gênant gewrik en gewiebel lukt het hem om de spijker er uit te trekken.

Het ergste is dat, vanaf het moment dat hij ziet wat er in mijn kont steekt, hij dubbel ligt van het lachen. Hij komt gewoon niet meer bij. De tranen biggelen hem over de wangen en keer op keer opnieuw moet hij zijn pogingen staken om die spijker uit mijn bil te halen, omdat hij het niet meer heeft. Zelfs als de klus geklaard is, blijft hij nog een eeuwigheid nahikken.

Terwijl ik dit allemaal aanzie en onderga, gaat er een shitload aan gevoelens door mij heen, van schaamte, van boosheid, van frustratie, van pijn, maar dan ineens, als door de spreekwoordelijke bliksemschicht of door Cupido's pijl getroffen, ben ik verkocht, reddeloos verloren, tot over mijn oren verliefd. Het demonstratief herhaaldelijk doortrekken van de wc van de bovenbuurvrouw en het daarbij behorende gegorgel helpt geen ene sodemieter. Het kwaad is geschied.

2. Gefluister

Hij wordt langzaam wakker gefluisterd en gegiecheld. Hij opent zijn ogen en kijkt de vreemde kamer in. Het duurt twee tellen en dan weet hij weer waar hij is. Haar slaapshirt ligt op het kussen naast hem. Ze is al weg, naar haar werk. Hij mocht blijven liggen. Lachend had ze gezegd dat er toch niets te stelen viel. Zijn oog valt op het tot op de draad versleten dekbedovertrek en dwaalt verder naar het stoeltje met één geamputeerd pootje dat bij het bed staat, het rolgordijn dat scheef hangt en verkleurd is door duizend dagen zon en het gerafelde kleedje dat verfrommeld naast het bed ligt. Ze heeft gelijk.

De vorige avond en nacht wervelt zijn hoofd binnen en vervult hem met een mengelmoes van tegenstrijdige gevoelens. Blijdschap, maar ook ongeloof en angst.

Met een schok hadden ze zich om half twee 's nachts gerealiseerd hoe laat het was. Hij moest nog een uur rijden voordat hij weer thuis was. Ze had hem een tandenborstel in verpakking toegeworpen en gezegd dat hij maar moest blijven slapen. Haar bed was groot genoeg. Maar geen gehannes en handjes boven de deken had ze streng gezegd. Morgen moest ze weer vroeg op.

Makkelijk praten. Hij had natuurlijk geen oog dicht gedaan en was pas in slaap gevallen toen zij de deur uit ging.

Het gemak waarmee hij mocht blijven slapen en de achteloosheid waarmee ze hem laat liggen begrijpt hij niet. Het staat in schril contrast met haar bitterheid over het verrotte van de hele wereld, wat naar buiten siepelt in alles wat ze zegt. 'Waarschijnlijk ben jij ook een klootzak en een hufter, maar vandaag hebben we het leuk. Morgen zien we wel weer verder.' Haar schaterende, ongeremde lach die daar direct op volgt en het plezier wat van haar gezicht af spat, brengt hem uit balans. Ze leeft per seconde, realiseert hij zich. Terwijl hij in gedachten al bezig is met een toekomst voor hun samen, denkt zij niet verder dan het moment.

Opnieuw dringen gefluister en gegiechel zijn brein in. Met een ruk draait hij zich om en kijkt in de gezichtjes van twee meisjes die naast zijn bed staan. 'Hoi! Ben jij de nieuwe vriend?' informeert de oudste, een jaar of tien, schat hij. Hij schuift geschrokken achteruit en valt zowat aan de andere kant het bed uit, een lachsalvo van de meisjes veroorzakend. Compleet in de war, volledig uit het lood geslagen, grijpt hij de dekens en kijkt versuft om zich heen, op zoek naar de verborgen camera.

Het jongste meisje, twee jaar jonger ongeveer, grijpt haar buikje vast en valt gierend van de lach op de grond. Ze wordt weer overeind getrokken door de oudste, die ondertussen verklaart dat ze vandaag altijd tussen de middag Pukkie uitlaten. De hond, verduidelijkt ze, zijn verwarde blik verkeerd begrijpend. Ze hebben een sleutel en weten waar de riem ligt. Ze kwamen alleen maar even gedag zeggen. Ze duwt haar hinnikende zusje naar de deur en zwaait nog even vriendelijk over haar schouder. 'Tot straks!'

Het duurt even voordat zijn hart tot rust is gekomen. Dat had ze verdomme wel even mogen zeggen! Hij luistert naar hun vrolijke gebabbel en hoort ze even later de deur achter zich dicht trekken. Binnensmonds mopperend zoekt hij zijn kleren bij elkaar en kleedt zich aan. Hij gooit zijn kop onder de kraan van de wastafel en laat het koude water zijn verwarring en boosheid wegspoelen. Even later staat hij met een mok koffie bij het aanrecht, als de dames weer binnenkomen. Ze informeren hem over het wel en wee van Pukkie. Hij heeft gepoept, geplast en aan de kont van twee andere honden gesnuffeld. Met tevreden gezichtjes en vol verwachting kijken ze hem aan. Hij mompelt iets van goedkeuring. Ze overhandigen hem de riem, zeggen dat ze hem morgen dan wel weer zien en vertrekken. Dan keert de oudste op haar schreden terug en zegt: 'Leuk dat je haar nieuwe vriendje bent. Maar dat betekent niet dat wij de hond niet meer uit hoeven te laten. Dat je dat maar even weet. Dat is onze taak.' Nadrukkelijk kijkt ze hem aan en pas als hij braaf knikt, draait ze zich weer om. 'Dat is dan afgesproken!' Vrolijk huppelt ze weg en sluit de voordeur zachtjes achter zich dicht. De taakverdeling wat de hond betreft is duidelijk. De rest is hem volstrekt onduidelijk. Dat belooft nog wat...

3. Pukkie

In mijn leven zijn vele mensen gekomen en gegaan. Vriendschappen verwateren, zeker wanneer
ik om de haverklap verhuis. Eén van de weinigen
die trouw bleef aan mijn zijde en waaraan ík trouw
bleef (hoho, ik steek zeker de hand in eigen boezem!) in al mijn Pieken en dalen was een hond.
Op het moment dat ik zijn dertien weken jonge, gezwollen lichaampje zie in dat ondergesche-
ten, gammele konijnenhok weet ik dat hij met mij
mee naar huis gaat. Hoe dan ook.
De advertentie was veelbelovend: mooie foto's van leuke, schone puppy's en een goed verhaal. Ik bel en maak een afspraak om bij de enige
overgebleven puppy te gaan kijken. Zijn broertjes
en zusjes, acht maar liefst, zijn al weg.
De plek van bestemming is een kneuterig,
maar verwaarloosd huisje op het platteland. Bij
gebrek aan deurbel klop ik aan en maak met
steeds luidere stem mijn aanwezigheid kenbaar.
Een man van een jaar of zestig doet brommerig
open, trekt na mijn vraag of ik hier goed ben voor
de puppy van de advertentie, zijn klompen aan en
neemt mij tot mijn verbazing niet mee naar de
huiselijke kring maar naar achteren, de tuin in,
naar een vervallen schuur. Terwijl ik over de gigantische hoeveelheid rotzooi struikel, die daar
ligt, ontwaar ik achter in de schuur, in het donker
een konijnenhok. Het zal toch niet?!
Maar helaas, de man stevent naar het konijn-
nenhok en wijst. Daar ligt hij. Bijna kaal, waarschijnlijk geïnfecteerd met wormen, aan zijn opgeblazen buikje te zien, met dichte, ontstoken ogen.
Zijn spitse neusje snuffelt mijn voor hem nieuwe

geur op en hij piept. Heel zachtjes. Nauwelijks hoorbaar. Het hok, het stro en het diertje zelf zijn nat van de diarree en plas. Vliegen zoemen in en uit en lopen over zijn lichaampje, smullen van de etter uit zijn ogen.

Ik ben tot moord in staat, wil de man die naast me staat, zijn ogen uitkrabben, wil hem schoppen, slaan, bijten. Mijn lippen trekken als in een oergrom omhoog. Kortsluiting in mijn hoofd. Maar, typisch Piekje, ik kan niets uitbrengen. (Mijn emotionele vulkaan is gereserveerd voor mijn naasten.) In plaats daarvan, pak ik mijn portemonnee en mompel wat hij voor het diertje wil hebben. Dat ik hiermee deze (mis-)handel in stand houd, ben ik me pijnlijk bewust. Zonder blikken of blozen zegt hij: 'Tweehonderd gulden.'

Zwijgend geef ik hem het geld, pak het diertje voorzichtig uit het hok en loop zonder nog een woord te zeggen naar mijn auto. Het diertje rilt hevig, dus ik wikkel hem in de deken, die al klaar ligt in de bench, start de auto en rijd direct door naar de dierenarts. De dierenarts onderzoekt de puppy en bevestigt mijn vermoeden. Zo op het oog; ondervoed, zware worminfectie, heftig ontstoken ogen, hoge koorts. De inwendige schade is zo niet te bepalen, maar eigenlijk is het diertje ten dode opgeschreven, eindigt hij zijn diagnose. Het beste is om hem te laten inslapen. Ik laat dat vijf minuten bezinken en vraag hem dan zijn best te doen. We zien wel waar hij strandt.

Na een week mag hij mee naar huis en blijft bij me, twaalf jaar lang. Twaalf jaar waarin alles keer op keer verandert behalve hij. Hij blijft de enige constante factor. Mijn vriendje, mijn maatje, door dik en dun. Hij blijft een minkukel. Hij moet elke dag medicijnen hebben, krijgt speciaal voer, hij is niet uitgesproken vriendelijk, humeurig zelfs en blijft bang in sommige situaties. Hij ziet er niet uit. Hij is gewoon ronduit lelijk. Klein, dunne pootjes, kale oortjes, zwarte kraaloogjes, kaal rattenstaartje. Maar hij is mijn held.

Soms denk ik wel eens, heel stiekem, of het niet beter voor hém was geweest, als ik toen, bij de dierenarts, anders had besloten. Toch denk ik, hoop ik hem twaalf goede jaren te hebben gegeven, zo goed en zo kwaad als dat ging. Hij heeft voor míj in ieder geval het verschil uitgemaakt. Wat ik mezelf wél heel erg kwalijk neem, is dat ik de man niet heb aangegeven bij de politie. Onvergeeflijk. Het ontbrak mij aan moed en lef. Mocht ik nu ooit zoiets weer tegenkomen, dan is dat anders. Dan zal Piekje haar tanden laten zien.

4. Roosjes

Terwijl ik al tien jaar op mezelf woonde toen ik hem leerde kennen, woonde hij nog thuis bij zijn ouders. We zijn even oud. Ik moet eerlijk zeggen dat dit feit mij wel wat zorgen baarde. Ik zat niet te wachten op een moederskindje. Of een man die het ene verzorgingstehuis inwisselde voor een andere. Ammenooitniet. Vanzelangzalzelevenniet. Maar hij was wél lang en donker, had een hele zware, sexy stem, zij het wat boers, was bloedje-eerlijk, tot aan het botte toe, had een monster van een racemotor en zag er gewoon om te watertanden mysterieus, cool en onafhankelijk uit toen ik hem in zijn motorpak op zijn motor voor het eerst zag. Mijn wilde, avontuurlijke kant besloot het een kansje te geven.

Al zijn er wel momenten geweest, die dit verschil van uitgangspunt, heel erg duidelijk maakten. Hij bleef bijvoorbeeld een keer bij mij eten. Het leek mij gezellig om dan ook samen de boodschappen te doen en te koken. Hij vertrok geen spier, dat moet ik hem nageven, maar ging braaf met me mee naar de winkel. Terwijl ik kieskeurig prijzen en inhoud vergeleek, mikte hij alles wat hem lekker leek in de kar. Hij keek nergens naar, ging zijn maag achterna en gooide voor een vermogen in de kar. Hij bleef bij mij eten en mijn feministische zelf vond dat ik dan ook moest betalen. Maar díe winkelkar dus mooi niet.

Terwijl ik alles weer terug in de schappen zette en sommige andere artikelen verving voor een goedkopere variant, gingen we aan het bekvechten over wie de boodschappen moest gaan betalen. Uiteindelijk gaf hij zich, als een echte heer gewonnen.

Eenmaal thuis pakken we de tassen uit. Ik duw hem de bloemkool in zijn handen met de vraag of hij daar roosjes van wil snijden en ik begin de aardappels te schillen. Hij staat naast me aan het aanrecht en ik zie hem, vanuit mijn ooghoeken, de bloemkool in zijn handen draaien. De verwarring druipt ervan af. Wanneer ik hem aankijk en vraag wat er is, zegt hij dat hij geen benul heeft van wat ik bedoel. Roosjes snijden? Van een bloemkool? Ongelovig kijken we elkaar aan, maar hij meent het serieus. Hij heeft geen idee.

Terwijl ik onbedaarlijk in de lach schiet, gaat de deurbel. Ik doe open en een kennis van me komt binnen met een enorme bos rozen. Had hij over van de markt. Of hij mij er een plezier mee kan doen. Mijn kersverse, nieuwe vlam kijkt naar de man, de bos rozen en mij en zegt: 'Nog meer rozen...' Hij is absoluut niet gecharmeerd van dit geheel, weet niet wat hij ervan moet denken en gaat zich tandenknarsend bezig houden met het schillen van de aardappels.

Wanneer ik mijn kennis uiteindelijk vriendelijk en met veel dank de deur uit heb gewerkt, duurt het even voordat ik de arme jongen heb kunnen overtuigen van het onschuldige van het geheel. Uiteindelijk kan ik hem het mysterie van de bloemkoolroosjes uitleggen en hebben we een uitzonderlijk gezellige avond gehad en heel lekker gegeten.

Nu zijn we bijna twaalf jaar en twee kinderen verder en zijn mijn zorgen ongegrond gebleken. Elke keer als we bloemkool eten, kijken we elkaar aan en vormen geluidloos met onze lippen het woord 'Roosjes.' Even zijn we dan weer terug waar 'wij' begonnen.

14

5. Verrassing

Hij steekt de sleutel in het slot en draait zo zachtjes mogelijk de deur open. Kansloos natuurlijk. Pukkie schiet fel blaffend de woonkamer uit, de gang in. Zijn kale rattenstaartje begint echter enthousiast te kwispelen, als hij ziet wie er bij de deur staat en als hij door zijn knieën zakt en zijn handen uitstrekt, vliegt Pukkie in zijn armen, lebbert zijn gezicht en oren af en vliegt dan weer snel terug naar zijn mand. Zijn gezicht is bedekt met een laag speeksel en de doordringende geur van zieke ouwehondenbek walmt zijn neus in. Hij onderdrukt een kokhals en veegt zijn gezicht droog met de mouw van zijn jas. Even luistert hij aandachtig. Geen beweging in de slaapkamer. Mooi.

Hij zoekt om zich heen naar iets zwaars, pakt uiteindelijk de droogloopmat uit de gang, opent de voordeur wagenwijd open en frommelt de mat er dubbel onder. Die waait niet meer dicht. Voor de zekerheid luistert hij nog even en haast zich dan gerustgesteld naar zijn auto. Hij opent de kofferbak en begint de inhoud ervan te verplaatsen naar de woonkamer.

Pukkie dribbelt gezellig in de weg, zoals alleen hij dat kan. Wanneer hij voor de tweede keer net niet op zijn bek valt met de dozen met breekbare inhoud, omdat het dier tussen zijn benen door rent, hem daarmee als een professional pootjehakend, sluit hij het dier op in de keuken met een handvol hondenkoekjes. Haastig haalt hij de rest, sluit de voordeur en legt de mat weer op zijn plek.

Pukkie heeft de koekjes inmiddels op en begint te krabbelen aan de keukendeur. Snel laat hij hem vrij en loopt op zijn tenen naar de slaapkamerdeur. Hij legt zijn oor op de deur. Niets te horen. Perfect. Hij loopt terug naar de woonkamer en begint te bouwen met de inhoud van de dozen.

Kuthond! Is haar eerste gedachte als ze ruw wakker geschud wordt door het gekef van Pukkie. Een seconde daarna vult haar hart zich met dankbare warmte. Haar beschermer! Haar held! Ze luistert ingespannen en gaat in gedachten alvast razendsnel de beschikbare vluchtroutes en verdedigingsmogelijkheden af. Opgelucht herkent ze zijn stem als hij sussend haar hond tot bedaren brengt.

Ze weet nog steeds niet of ze er goed aan heeft gedaan om hem gisteren bij het afscheid de sleutel van haar huis te geven. Een impulsief momentje heeft ze haar pantser laten zakken en alsof het er op heeft zitten wachten, heeft haar onnozele ik hem de sleutel gegeven toen hij op het punt stond te vertrekken. Verrast had hij de sleutel aangenomen en was vervolgens zonder nog een woord te zeggen op zijn motor gestapt en weggereden. Haarzelf de uren daarna tig keer vervloekend, had ze haar dagelijkse ritme opgepakt en uiteindelijk alle alarmbellen het zwijgen opgelegd. Ze kon er nu toch niets meer aan doen. De tijd zou het haar leren.

Ze hoort hem hannesen met iets in de gang en vervolgens in en uit lopen. Na een gedempte vloek, hoort ze het geluid van pepernoten? die op het zeil van de keuken vallen en vervolgens de tikkende nagels van Pukkie. Een deur wordt gesloten. Ze denkt na over de pepernoten. Hondenkoekjes, verbetert ze zichzelf. Even later hoort ze Pukkie krabbelen aan een deur, die snel weer geopend wordt. Dan nadert hij de slaapkamerdeur. Ze

16

kijkt naar de kier onder de deur en ziet zijn schaduw. Na een roerloos tijdje verdwijnt de schaduw
weer. Wat is hij in vredesnaam allemaal aan het
doen?! Ze heeft het niet meer. Paniek maakt zich
van haar meester en verlamd haar. Bewegingloos
blijft ze liggen. Het ene na het andere doemscena-
rio vult haar hoofd. Haar fantasie gaat met haar
op de loop. Doodsangst sluipt naar binnen en laat
haar bevroren liggen.

Toen zij hem gisteren volledig overrompelde
door hem haar huissleutel te geven, had hij geen
woord uit kunnen brengen. Het was zo onverwacht. Tot dat moment had ze hem niet meer gegeven dan het moment. Morgen was al te ver weg
voor haar. Haar eerlijkheid daarover, de manier
waarop ze er niet omheen draalt, is even ontwapenend als confronterend. Wanneer ze samen zijn,
heeft hij het gevoel dat ze ook écht samen zijn,
maar zodra hij vertrekt, voelt het als een afscheid.
De onzekerheid over de rol die hij speelt vreet aan
hem. Is hij slechts een speleding, een afleiding
voor haar? Niets duidt daarop wanneer ze elkaar
zien, maar zodra hij een voet buiten de deur zet,
heeft hij het gevoel dat ze hem alweer vergeten
is. Dus wanneer ze hem, heel terloops, de sleutel
geeft van haar huis, is de opluchting zó groot, dat
hij niets zinnigs kan uitbrengen. In plaats daarvan
steekt hij even terloops de sleutel in zijn broekzak
en rijdt weg.
    Hij bekijkt het eindresultaat. Hij heeft haar
woonkamer rigoureus moeten reorganiseren om
het plaats te kunnen bieden. Maar het staat. En
hoe! Kritisch bekijkt hij het geheel van een afstandje en ontdekt dat ergens in de draadjes, de
connectie faalt en controleert elk onderdeel van de

stroomverbinding. Hij vindt het falende onderdeel en vervangt het door een reserve exemplaar. Na nog wat herschikken van de verschillende onderdelen is hij tevreden. Hij ruimt de dozen op en gaat koffie zetten.

Wanneer ze alle mogelijke gruwelijke scenario's de revue heeft laten passeren, is ze gewapend en gepantserd voor wat er dan ook maar buiten die slaapkamerdeur op haar wacht. Ze is overal op voorbereid, niets zal haar uit haar evenwicht brengen. Ze hoort het koffieapparaat pruttelen en komt als geroepen uit haar comateuze staat overeind. Ze trekt haar geitenwollen sokken aan, er is geen betere slof denkbaar en opent de slaapkamerdeur.

Pukkie schiet vanuit de woonkamer de gang in en springt dolenthousiast en hysterisch piepend tegen haar op, zijn nagels zetten nieuwe schrammen op haar benen en openen sommige oude. Ze maant en sust hem tot kalmte en pas wanneer hij gaat zitten, gaat ze door haar knieën, neemt zijn oerlelijke koppie in haar handen en bedelft het onder de zoenen. Ze kroelt hem achter de oren en wanneer hij gaat liggen kietelt ze zijn buikje. Tevreden brommend laat hij zich verwennen.

Na dit ochtendritueel staat ze op en loopt de keuken in. Hij is net de koffie in de thermoskan aan het gieten. Vragend kijkt hij haar aan. Ze mompelt bevestigend en hij pakt er een koffiemok bij en schenkt in. Ze pakt de koffiemok aan en loopt de tuin in. Onder het afdak gaat ze zitten op een kratje en steekt een sigaret op. Hij volgt even later en zwijgend staren ze de tuin in. Het vanzelfsprekende, het onuitgesprokene is als een warme deken die hun beiden omhult en gerust stelt.

Wanneer ze even later de woonkamer in loopt en ziet wat daar staat, beseft ze dat niets haar hierop had kunnen voorbereiden. Zelfs haar grenzeloze fantasie niet. De gruwel die haar tegemoet schittert, laat haar koffiemok uit haar handen glijden. Ze deinst achteruit en zoekt steun bij de deurpost. In de woonkamer staat de meest lelijke kerstboom die ze ooit heeft gezien. Het geluidloze lawaai van de lampjes, in alle kleuren van de regenboog, die knipperen in een grillig ritme, blazen haar omver. De overwegend ijsblauwe versiering, afgewisseld door een paar bizar afwijkende exemplaren, vervullen haar met afschuw. Ze hapt naar adem. Met die teug lucht, druppelt het besef haar hart binnen, dat dit het meest afschuwelijke, maar ook het meest romantische is, wat iemand ooit voor haar heeft gedaan. Ze draait zich om, ziet hem achter zich staan en vliegt hem om de hals. 'Afschuwelijk!' fluistert ze in zijn oor en begint dan zachtjes te huilen. Schutterig slaat hij zijn armen om haar heen. Hij snapt er niets van. Maar dan ook helemaal niets...

6. Bedstrijd

Het heeft wat voeten in de lakens gehad, maar inmiddels hebben we onze draai gevonden. Dat ging echter niet zonder slag of stoot. Letterlijk. Toen wij voor de eerste keer bij elkaar onder de lakens kropen, hadden wij nog geen idee van de oorlog die zich daar zou gaan afspelen. Gelukkig maar, want dat had vast een deel van onze roze wolk in rook op doen gaan.

Manlief had behoorlijk wat ruimte nodig. In een X-vorm, armen en benen gespreid, nam hij bezit van het hele bed en daar ergens tussenin moest ik het me dan gemakkelijk zien te maken. Ook ík had last van territoriumdrift, dus douwde en duwde ik net zolang tot ik ook een fatsoenlijk plekje had. Dat ging best moeizaam, want eenmaal in slaap, was manlief één groot log stuk klei, dat telkens als een soort elastiek of geheugenmetaal zijn oude positie hernam en mij moeiteloos opzij schoof.

Het tweede probleem was, dat hij nogal eens de neiging had om zijn arm recht de lucht in te steken en dan weer te laten vallen. Het gebeurde regelmatig dat ik ruw wakker werd gebeukt door zijn elleboog in mijn gezicht. Geloof mij, dat zo'n elleboog die door de zwaartekracht loodrecht naar beneden valt, heel hard aankomt. Het duurde even, maar uiteindelijk had ik zelfs in mijn slaap een antenne die me waarschuwde wanneer zijn arm weer eens de lucht in ging. Ik schoof mijn hoofd dan snel weg tot het gevaar geweken was en werd er nauwelijks meer wakker van. Gelukkig werd dit na verloop van tijd steeds minder.

We bekwaamden ons in de lepeltjeshouding,

echter dat zorgde weer voor nieuwe problemen. Heerlijk knus kroop hij tegen me aan, ondertussen me centimeter voor centimeter verder richting de rand van het bed duwend. Tot ik uiteindelijk op het randje van het bed balanceerde. Niet in staat om hem de andere kant op te dirigeren, hij was nou eenmaal zo'n dertig kilo zwaarder, stapte ik dus maar uit bed en kroop er aan de andere kant weer in. Waar vervolgens het hele ritueel de andere kant op begon.

Toegegeven, ik heb ook zo mijn onhebbelijkheden. Ik heb namelijk de gewoonte om in mijn slaap de slappe lach te krijgen, in huilen uit te barsten of hele gesprekken te voeren. Je kunt je voorstellen dat dit behoorlijk wennen moet zijn geweest voor manlief. Je zal maar zo'n vrouw naast je hebben liggen die giechelend als een hyena of jankend als een baby naast je ligt, terwijl je geen idee hebt wat er aan de hand is en wat er zich afspeelt in het hoofd van je geliefde. Ook zullen er vast en zeker onderwerpen aan bod zijn gekomen tijdens mijn nachtelijke monologen die je als kersverse, nieuwe vlam liever niet had willen horen. Zeker in het begin van een relatie kan ik me zo voorstellen dat dit niet goed is voor je zelfvertrouwen. Aan de andere kant zijn dan gelijk ook maar alle geheimen bespreekbaar gemaakt en dat is wel zo prettig.

Ik slaap het liefst met het raam wijd open. Zelfs in hartje winter. Als het aan mij ligt, verhuist de matras in de lente en zomer naar het terras buiten. Echter, ik kan niet tegen tocht en lig altijd tot aan mijn nek onder de dekens en er mag geen kiertje, geen opening zijn in de deken, want daar word ik kriebelig van. Zelfs in hartje zomer, moet ik compleet gehuld zijn in laken. Het temperatuurverschil tussen de warmte onder de deken en de warmte buiten de deken wordt door mijn lichaam, hoe klein ook, direct opgemerkt en wanneer er ook maar een ieniemienie kleine opening ontstaat, ben ik klaarwakker. Prinses op de tocht, zeg maar. Manlief daarentegen heeft het altijd warm en slaapt het liefst met de helft van zijn lichaam buiten de deken. Dit strookt dus niet echt met elkaar. Als ik dan ook nog de neiging heb om nogal vaak van houding te veranderen tijdens mijn slaap, maakt dit het er allemaal niet echt makkelijker op. Waar manlief de hele nacht in dezelfde houding kan liggen, draai en woel ik wel honderd keer per nacht.

Nog iets waar ik nogal aan heb moeten wennen is het gesnurk. Maar waar ik er eerder van wakker lag, is het nu mijn geruststellende slaapliedje. Sterker nog, inmiddels is het zover, dat wanneer dit geronk ophoudt, ik ongerust wakker word. Bang luister ik dan of hij nog wel ademhaalt en wanneer ik dat niet kan horen, voel ik of zijn borst nog wel op en neergaat. Wanneer ik dan gerustgesteld constateer dat hij me er niet stiekempjes tussenuit is geknepen, lig ik toch vaak te wachten tot hij zijn geronk weer hervat. Pas dan kan ik de slaap weer vatten.

Ondanks al deze onoverkomelijkheden en alle slapeloze nachten heeft onze relatie de tand des bed doorstaan. Inmiddels is het onmogelijke gelukt en hebben wij tijdens onze slaap de perfecte harmonie gevonden. Als twee jarenlang samen dansende flamencodansers zijn wij op elkaar ingespeeld en hebben wij ons aangepast aan een gezamenlijk leven onder de lakens.

7. De muur

Mijn man en ik vinden het heerlijk om samen te klussen. Echt waar. Dan zijn we in ons element. Onze samenwerking is verbluffend. Helemaal als je nagaat dat ik normaal gesproken zo ongeveer de meest onhandige persoon van de wereld ben, mijn geduld hopeloos tekort schiet en ik over een zeer kort lontje beschik. Maar dat verdwijnt als sneeuw onder de zon als we samen gaan klussen.

Meestal tenminste. We zijn niet bang om iets nieuws te proberen, lezen ons in op internet, schaffen de benodigde materialen aan en gaan gewoon beginnen. We zien wel waar het schip strandt. Lukt het niet, dan beginnen we gewoon weer opnieuw. Als ervaren klussers stemmen we de bezigheden op elkaar af en waar anderen weken over doen, doen wij in een paar dagen. In een moordend tempo klaren we de klus om vervolgens twee weken uitgeput te genieten van het resultaat.

Dus wanneer we het plan hebben opgevat om de muur in de hal beneden, de trapopgang en de hal boven te egaliseren, ga ik met enthousiasme aan de slag. Mijn man is aan het werk, dus ik begin alvast en hoop al een heel eind te zijn als hij thuiskomt. Verrassing!

Er zit vanaf de grond tot ruim een meter daarboven een verdikte laag met een soort kanariezaad erin vermengd. Deze laag moet er eerst af en is keihard, dus met hamer en beitel bik ik stukje voor stukje weg. Nadat ik anderhalf uur heb zitten bikken en ik nog geen halve meter verder ben, bekruipt me wel iets van moedeloosheid, maar dat druk ik weer snel de kop in. Een halve meter is toch een halve meter.

Wanneer mijn wederhelft thuis komt van zijn werk, bekijkt hij met verbazing het resultaat en geeft me een bemoedigend schouderklopje. 'Goed bezig meid!' Hij kuiert naar de garage voor wat gereedschap, zodat hij ook mee kan helpen. Hij komt terug met een klopboormachine en een beitel en installeert zich zonder iets te zeggen aan de andere zijde van het stuk muur waar ik mee bezig ben. Hij zet de beitel op de boor, steekt de stekker in het stopcontact en ramt er binnen vijf minuten de rest van het stuk muur af. Hij zet de boor uit en grijnst lief naar me. Ik flikker de hamer en de beitel neer en ga maar iets nuttigs doen. Puin opruimen of zo. Dáár ben ik goed in.

Even later wordt me gevraagd of ik muuregaliseer wil halen bij de Praxis. Dát kan ik ook, dus ik haal het spul en begin alvast te mengen, terwijl mijn man de rest van de muur eraf jast. Na het opruimen van het puin en het stofvrij maken van de muur, gaan we aan het egaliseren. Nooit eerder gedaan dus leuk om uit te proberen! Het gaat enorm moeizaam, het zakt telkens weer naar beneden, het blijft niet plakken, maar na wat experimenteren met het mengsel gaat het uiteindelijk redelijk. Van de voorgeschreven verhouding op de achterkant van de verpakking blijft echter niets over. We hebben bewondering voor de professionals die dit elke dag doen, wat een K-werk zeg!

Het mengsel is alweer op en mijn man pakt de tweede zak. Hij bekijkt voor de zekerheid de instructies, zet dan met een plof de zak neer en kijkt me meewarig aan. 'Vloeregaliseer!' brult hij. 'Met de nadruk op VLOER!' Ik kijk hem niet-begrijpend aan, knipper wat met mijn ogen en doe alsof ik dom ben... Daar slaag ik Cum Laude in.

Tot zover ons succesverhaal over samen klussen. Maar serieus, we vinden het heerlijk om samen te klussen. Dit was een uitzondering op de regel. Ik had mijn dag gewoon niet. Kan toch? Trouwens, ik wil niet veel zeggen, maar de helft van die muur is nog steeds geëgaliseerd met dat spul. Keihard, onverwoestbaar. Toch maar knap van ons dat dit gelukt is. Dat doet vast niemand ons na!

8. Tiffany

Mijn navigatie geeft aan dat ik mijn bestemming bereikt heb. Ik kijk links van me een steegje in en zie aan het eind daarvan een soort pleintje met garageboxen. In het midden van het pleintje staat een auto. Op de motorkap zit een figuur een sjekkie te roken en tegenover hem staan nog twee kerels. Druk in gesprek.

Het zijn van die types, waarbij je een onbestemd gevoel van gevaar krijgt. Alle drie zijn in hun twintiger jaren, hebben een petje andersom op hun hoofd, sikje, stoere armloze shirtjes, tatoeages, baggy broeken. Een vooroordeel misschien, maar toch rijd ik eerst maar even een paar honderd meter door en zet mijn auto stil op een parkeerplaats aan de straat.

Hoe ben ik hier zo verzeild geraakt, in Almelo, in een volkswijk, waar ik heb afgesproken met een totale onbekende, vraagt u zich misschien af.

Een aantal jaren geleden ben ik verliefd geworden op Tiffany. Niet de persoon, maar de lamp. Het kleurenspel van het licht in het glas en het prachtige handwerk fascineerde mij. Later, als ik groot werd, besloot ik, wilde ik ook Tiffanylampen.

Ik werd groot, dus zo gezegd zo gedaan. Ik ging op zoek naar Tiffanylampen. Die krengen zijn schrikbarend duur, te duur voor mijn portemonnee, dus ik ging op zoek naar tweedehands exemplaren. Ze hoefden niet origineel, of oud, of van een bepaald (keur-)merk te zijn. Ik had wel een vrij specifieke smaak, dus lang niet alle lampen vond ik mooi. Ook heb ik een bizar gevoel voor evenwicht, dus moest ik van elke lamp twee exemplaren hebben. Dat maakte de zoektocht niet makkelijker, maar wel een uitdaging.

Nu wil het geval dat ik een paar dagen geleden twee vrijwel identieke exemplaren tegenkwam op Marktplaats, voor een hele schappelijke prijs. Zo schappelijk zelfs, dat ik direct in de telefoon klom.

Vandaar dat ik hier nu sta, in Almelo. Twijfel overmant me, maar de dorst naar deze twee exemplaren, laat mij toch omkeren naar het steegje. Maar niet voordat ik een vriendin bel, om haar het hele verhaal uit te leggen. Ik vraag haar stand-by te staan en de verbinding in stand te houden.

Met klotsende oksels rijd ik terug en parkeer de auto achter die van hun. Ik grijp mijn sleutelbos stevig vast, met de autosleutel als een priem tussen mijn vingers en stap uit. De mannen komen in beweging en vragen of ik kom voor de Tiffanylampen. 'Jazeker!' roep ik enthousiast, mijn stemmetje wat schril afstekend tegen hun zware basstemmen.

Ze glimlachen breed en lopen naar één van de garageboxen en openen deze. Wat ik dáár zie is een Tiffany-Walhalla. De hele garagebox staat vol met Tiffanylampen. Nieuw, in degelijke verpakking, met allerlei Chinese tekens op de doos.

Ze openen twee dozen en halen de twee bewuste exemplaren uit de doos. Ze worden helemaal in elkaar gezet, terwijl ik daar sta en vervolgens mag ik ze beter bekijken. Ze draaien de lampen voor me rond, houden hem ondersteboven, laten me het gewicht voelen van de poot, draaien er een lamp in, kortom ze willen zeker weten dat ik tevreden ben.

Dat ben ik. Dus ik tik af. De lampen worden

weer keurig netjes verpakt en in mijn kofferbak gezet. Ze zijn behulpzaam tijdens het moeizaam keren op het pleintje en zwaaien me enthousiast na in mijn achteruitkijkspiegel.

Ergens halverwege de terugtocht (na een half uur) realiseer ik me dat ik mijn vriendin nog aan de telefoon heb. Ik zoek een parkeerplaats en pak mijn telefoon.

Opgehangen... Mooi is dat...

9. Sammie

We zijn, als het goed is, op weg om onze nieuwe, tweede hond op te halen. Als de TomTom aangeeft dat we bij het huis zijn, kijken we twijfelend om ons heen. Staat hier een huis? Warempel, verstopt achter grote struiken, bossages en bomen, vinden we een huis. En wat voor een huis. Een kasteel. Maar dan één uit een donkere eeuw. Het ziet eruit als het huis van de Adams Family en wij verwachten wanneer wij aanbellen bij een deur zo breed als een kerkportaal, minstens dat Lurch de deur open doet. Echter, er komt niemand.

Als wij, na lang wachten, om het huis heen lopen, ontdekken wij achter dat huis een waar paradijs. Glooiende grasvelden, natuurlijke vijvers en prachtige borders gevuld met de meest uiteenlopende bloemen. Er zijn prachtige stukken ongemaaid, wild gras bezaaid met bloemen, zeker drie grote pergola's met zitjes daaronder, bedekt met allerlei bloeiende klimplanten. Echt onvoorstelbaar mooi en kleurrijk. Een enorm contrast met het huis. Aan de oever van één van de vijvers liggen een aantal mensen in ligstoelen, warempel in hun Adams-kostuum. (Om verwarring, na mijn vermelding van de Adams Family, te voorkomen, even voor de duidelijkheid: deze mensen waren naakt.)

Als wij onze aanwezigheid verlegen kenbaar maken, schiet een man snel een blauwe overall aan en komt ons tegemoet. De openhangende overall, onthult een wolk van grijze borstharen. De vacht van een beer is er niets bij. Hoge aaibaarheidsfactor zeg maar. Ik onderdruk de neiging om eens te voelen en vertel dat we voor de hond komen. Hij krabbelt in zijn grijze haardos (!) en mompelt: 'O ja, die hond... ehm... momentje hoor!' De man stevent naar het huis en verdwijnt naar binnen.

Het duurt even. We doen ons best om maar vooral niet naar de mensen bij de vijver te kijken en vergapen ons aan de rest van de tuin, wanneer een mevrouw naar buiten komt. Zij is gekleed in een lange jurk, die bezaaid is met verfspatten. Verontschuldigend zegt ze dat ze in haar atelier bezig was en ons gebel niet gehoord heeft. Of wij haar maar even willen volgen? Ze doet me denken aan Tante Til van de familie Knots. 'Een kloddertje roze hierrrr... een kloddertje roze daarrrrr!!!!'

We lopen achter haar aan, naar de rechterkant van het huis, waar een grote schuur tegen het huis aan leunt. Ze doet heel voorzichtig de deur open, houdt angstvallig haar been in de kier die ontstaat, maar desondanks schiet er een zwarte schaduw langs onze benen, de tuin in. Het raast over het gras en springt over en op de mensen in de ligstoelen, waarvan sommigen verschrikt in een reflex hun edele delen beschermen. Haar aparte fysiek, een labrador in teckelformaat lijkt haar niet in de weg te zitten. Integendeel, ze lijkt wel te vliegen, ze raakt de grond nauwelijks en zweeft moeiteloos over de borders heen. We zijn vol bewondering.

Wanneer de mevrouw, met zichtbare tegenzin, probeert haar hond te roepen, ontbreekt in haar stem alle overtuigingskracht. Al bij de eerste keer is ze de moed verloren en houdt ze op met de schijn op te houden. 'Ze luistert niet zo goed... ' mompelt ze. Achteraf vermoeden we dat deze hond nooit van de deel af kwam. Ze was niet zindelijk, raakte compleet in de war van de riem, was niet gesocialiseerd en luisterde voor geen meter. Perfect voor ons dus! Pas als ze is uitgeraasd komt ze kennis maken met ons. Vriendelijk, doch schuchter en angstig besnuffelt ze onze handen en maakt ze kennis met onze andere hond, die wij natuurlijk hadden meegenomen. We vragen of we deze ook even los mogen laten. Dat mag, zegt ze, al spreekt haar gezicht het tegendeel. Toch doen we dat en al snel racen ze met z'n tweeën door de tuin. Ze zijn aan elkaar gewaagd en vormen direct een duo. De aanblik van die twee, schouder aan schouder, is het moment dat de beslissing genomen wordt.

Nu is ze tien en al weer negen jaar bij ons en onlosmakelijk met ons verbonden. Het heeft wel wat voeten in de aarde gehad, maar ze heeft haar achterstand op bepaalde gebieden ruimschoots ingehaald. Ze is onze schaduw, volgt ons het liefst ook nog op de wc. De enigen die ze écht vertrouwd, zijn mijn man en ik. Haar onzekerheid in nieuwe situaties is gebleven. Maar zolang wij in de buurt zijn, gaat het goed.
Toch zijn er bepaalde dingen die haar nog steeds heel erg angst aanjagen. Dan verstopt ze zich trillend en hyperventilerend onder de bank. Af en toe kijk ik dan even hoe het haar vergaat. Ik ben altijd bang dat ze er in blijft. Er is niets dat ik kan doen om haar te helpen. Sterker nog, hoe meer we haar met rust laten, hoe beter, hebben we ondervonden. Waarom ze zo bang is zullen we nooit weten. Ze kan het niet vertellen. Ze kan je alleen maar aankijken met die grote, melancholieke, bruine ogen. Door de angst schimmert het wit van haar ogen je tegemoet vanonder de bank.
Bijvoorbeeld ballonnen. De kinderen weten in-

35

middels niet beter dan dat ze op hun verjaardag niet opgehangen worden. De ballonnen bedoel ik dan, niet de kinderen. De gratis exemplaren die in de supermarkt of de bouwmarkt worden uitgereikt aan de kinderen, weigeren ze spijtig, maar berustend. Ook luchtballonnen vindt ze eng. Zodra ze buiten het geblaas en geraas van het gas hoort, natuurlijk veel eerder dan wij, schiet ze naar binnen, het donkerste hoekje in dat ze kan vinden. Soms is dat achter de wc-pot, soms onder de bank en soms achter het gordijn. Onweer, harde wind of vuurwerk zijn ook dingen die haar onvoorstelbaar bang maken.

Tevens ontdekten we dat ze razend werd van vliegen, muggen, bijen en wespen en dat ze deze sadistisch martelde voordat ze ze opvrat. Ze bleek over een ongelofelijk talent te beschikken om deze uit de lucht te happen. Vervolgens worden met chirurgische precisie, één voor één de pootjes en de vleugels eraf gebeten. Wanneer ze daarmee klaar is, gaat ze erbij zitten en zodra het beestje beweegt, stampt ze er met de beide poten op. Na het beestje nog een paar keer door de lucht te hebben gegooid en wanneer het echt niet meer beweegt, eet ze het op. Ze is ontelbare keren gestoken, maar dit ontmoedigt haar niet, integendeel, het maakt haar razernij alleen maar groter. Ze heeft het dus niet zo met dingen die in de lucht vliegen.

Soms vraag ik me wel eens af of het niet leuker zou zijn, om een pup of een kitten zelf groot te brengen. Om een dier te mogen verzorgen die geen mankementen of trauma's heeft. Maar dan denk ik weer aan alle plezier, kameraadschap en onvoorwaardelijke liefde die we van onze herplaatsers hebben gekregen. Dat is met geen pen te beschrijven, dus ik doe niet eens een poging. Dit jaar gaat ze mee naar Noorwegen. Ik kan niet wachten en zie de meest idyllische plaatjes met ons gezin en onze hond, al wandelend in de bergen. Het enige waar ik echt heel erg tegenop zie, is de boot. Drie uur en drie kwartier moeten we haar daar in een soort bench parkeren. Ze mag er niet uit. Dus ik voorzie een wake. Mijn man en kinderen mogen de boot verkennen, maar ik blijf bij mijn maatje, kotszakjes bij de hand. Ik heb het weer niet zo met dingen die dobberen. Iedere gek zijn gebrek.

10. De grijze wolk

Hoe ik ook protesteer, mijn man staat er op de tas, die al klaar staat, mee te nemen. Hoewel ik me ook zorgen maak, steek ik mijn kop in het zand en verberg mijn jong veilig onder mijn boezem. Die is nog niet klaar om het daglicht te zien. Het is te vroeg, het is nog te klein. Veel te klein zelfs. Het loopt zelfs enkele weken achter in groei. Dat is dan ook de reden dat we op zaterdagochtend op weg gaan naar het ziekenhuis voor een extra controle. Ik verwacht dat ik geadviseerd word strikte rust te nemen. Dat is ook nodig, want ik ben op. Alleen deze struisvogel moet blijven bewegen. Rust geeft haar koppie namelijk tijd om te Piekeren. En dan gaat ze beren zien op de weg, dan maakt ze van elke mug een olifant. Het is haar eerste jong, ze weet niet wat ze moet verwachten en dat maakt haar bang en rusteloos. Dus blijft ze rennen. Van hot naar her, van hier naar daar. Stilstaan is geen optie. Dus in het ziekenhuis blijven ook niet. Never, nooit, niet. Geen denken aan.

In het ziekenhuis ben ik vrijwel direct aan de beurt en wordt er voor de zoveelste keer een CTG-scan, een hartfilmpje gemaakt van mijn ongeboren baby. Ik zit in een kamer, zonder ramen en luister naar mijn man, die ratelt als een malloot. Niets voor hem, want hij is meer het zwijgzame type. Natuurlijk maakt hij zich ook zorgen, dus ik laat hem ratelen en probeer op de juiste momenten mijn hoofd te schudden, te knikken, te lachen of serieus te kijken. Volgens mij maakt het niet uit wat ik doe, wat wij doen, maar we houden onze wederzijdse charade in stand.

Na een half uur, komt de gynaecoloog de ge-
gevens bekijken. De verpleegster geeft hem de
uitdraai en stuurt hem met een knik naar buiten,
loopt met hem mee en sluit de deur voor onze
vragende gezichten. Veelbetekenend. Een minuut
later komen ze weer binnen.

Mijn gynaecoloog is een klein, dik mannetje.
Ik toren hoog boven hem uit. Stel je een Michelin-
mannetje voor met rode wangen en een lach op
zijn gezicht, die zo aanstekelijk is dat je zelf ook
helemaal heppie-de-peppie wordt, dan heb je een
beeld. Hij is in de zestig en verknocht aan en gemaakt voor zijn vak. Met zijn juiste timing van
ernst en onuitputtelijke humor, met zijn rust,
vriendelijkheid en bereidheid vragen te beantwoorden zonder op de klok te kijken, heeft hij mij
helemaal voor zich in genomen. Geen moment
heb ik me bij hem ongemakkelijk gevoeld.

Dus wanneer hij zegt dat het hem verstandig
lijkt een keizersnede te laten doen, omdat de baby
net wat te rustig is, schiet ik niet in paniek. Wat
moet, dat moet. Maar wanneer ik akkoord ga, ben
ik nog in de veronderstelling dat dit over een paar
dagen gaat gebeuren. Echter, hij opent direct na
mijn instemmende knik de dichte deur en dán begint het circus.

Een bed wordt de kamer binnen gereden. Drie
verpleegsters volgen. Ik moet me uitkleden. Alles.
Ook mijn ondergoed. Ik vervloek mezelf dat ik
vandaag juist die ene foeilelijke witte zwanger-
schapsonderbroek draag, die helemaal verkleurd
is, doordat deze in de verkeerde was is gekomen.
Ze zullen wel denken. Ik overweeg nog even om
dat uit te leggen, maar laat het vervolgens maar
zitten. Het heeft tóch geen zin.

Met het schaamrood op mijn wangen spreid ik

mijn armen en neem de operatiejas in ontvangst. Me bewust van mijn blote kont aan de achterkant, neem ik snel plaats op het bed. Terwijl de ene verpleegster een vragenlijstje op me afvuurt en driftig krabbelt op allerlei formulieren, ontsmet de andere de binnenkant van mijn arm en prikt voor bloed. Weer een andere probeert een ader te vinden op mijn hand of pols voor een infuus. Hoewel mijn hartslag op hol geslagen is, schijnt dat lastig te zijn. Ze prikken mis, keer op keer. Het duurt schijnbaar te lang, dus het bed wordt in beweging gezet, de kamer uit, de lift in. Daar wordt nog een poging gedaan om een infuus te zetten. Dat lukt, maar op een plek, boven mijn wijsvinger, die irritant zeer doet. Als een bijensteek die zeurt om aandacht.

De liftdeuren zoeven open, ik word de OK in geraced, waar al een heel team klaar staat. Ik moet op een ander bed gaan zitten. Daar wordt mij verzocht om mijn rug te krommen voor de ruggenprik.

Nu moet je weten dat ik een grote fout heb gemaakt terwijl ik zwanger was. Ik wilde namelijk alles weten. Wat er kon gebeuren en hoe dat dan ging. Dus ik googelde me suf, zocht YouTube-filmpjes op. Ik wilde voorbereid zijn. Zo kwam ik ook een filmpje tegen over de ruggenprik. Ontzet en kotsmisselijk heb ik gekeken naar een filmpje, waarin een tien centimeter lange naald een rug in gaat. Je rug hé, waar al je zenuwen zitten, die ervoor zorgen dat je kan lopen, dansen, springen. Daar word ik, zacht gezegd, wat onrustig van.

Ik moet verder buigen. Maar dat kan ik niet. Mijn fysiek is wat apart. Als ik zit, dan raken mijn onderste ribben, mijn heupbotten. Daardoor kán mijn buik niet groeien in de breedte, alleen maar naar voren. Ik ben bijna achtendertig weken zwanger, heb een buik van vanjewelste, die alleen maar naar voren kan uitwijken. Rug bollen, buigen? Hoe?

Uiteindelijk gaat de naald erin. Eerst een verdovingsprikje, dan de echte ruggenprik. Het valt me mee. Ik voel de naald, maar de pijn is verwaarloosbaar. Ik ga liggen. En ineens besta ik alleen nog maar uit hoofd en schouders. De rest is er niet meer...

Er wordt een doek opgetrokken tussen mijn hoofd en mijn buik. Tot mijn grote spijt mag ik niet meekijken. Ook niet via een spiegel. Mijn herhaalde verzoek daarom wordt lachend weggewuifd. Dat lijkt ze niet zo'n goed plan. Ik moet wel wakker blijven natuurlijk, knipogen ze naar me. Ik sputter dat ik niet bang ben voor een beetje bloed, dat ik dit soort dingen hartstikke interessant vind, een unieke kans zelfs, wanneer maak je dat nou mee in het echt, bij je eigen baby nog wel! Ik geef toe dat het enige wat me zenuwachtig maakt naalden zijn, maar die hebben we tenslotte al gehad, niet? Het mag niet baten. Ze zijn niet te vermurwen.

Mijn gynaecoloog is inmiddels ook gearriveerd, een groen Michelin-mannetje nu, maar met dezelfde lachogen. De brede grijns kan ik niet meer zien, die zit verstopt achter het mondkapje. Het bed wordt speciaal voor hem een paar standjes naar beneden gelaten. Hij moet er tenslotte wel fatsoenlijk bij kunnen. De rest van het team torent boven het bed uit en moet ongetwijfeld een chronische hernia oplopen van die ongemakkelijke houding.

Hij gaat aan de slag, onderwijl grappend en grollend met de rest van zijn team en met ons.

Mijn man staat achter me en aait mijn hoofd. Hij heeft het moeilijk, kan ik zien in zijn ogen. Ik wil zijn hand vastpakken, maar mijn handen zitten vast. De linker vastgerold in het operatielaken, de rechter op een soort drager naast de tafel met het infuus.

Je zal maar lijdzaam moeten toekijken, terwijl je vrouw half doormidden wordt gesneden. En beseffen dat dit moet gebeuren, met spoed, omdat er iets helemaal mis is. Dat besef begint nu ook bij mij binnen te sijpelen. Tot nog toe gebeurde er zoveel met en om mij, dat ik geen tijd had om er bij stil te staan. Nu lig ik stil, hulpeloos, niet meer in staat om mijn ongeboren kind een veilige plek in mijn buik te bieden. Ik heb het stokje overgedragen. De verantwoordelijkheid ligt nu in andermans handen. Zowel het leven van mijn kind als dat van mijzelf.

Het gevoel van niet-voelen is bizar. Ik voel namelijk wel wat. Als ze aan mijn buik trekken, duwen, snijden voel ik dat wel, doordat de beweging doorrimpelt naar mijn bovenlichaam. Doordat mijn schouders en borst bewegen, besef ik wat ze aan het doen zijn.

Plots roept de gynaecoloog uit: 'Oeps! Dat was het staartje!' Mijn man, in zijn bloednerveuze en overbezorgde staat, begrijpt het helemaal verkeerd en roept uiterst verschrikt: 'Is het dan een jongetje!!?? Hij trekt helemaal wit weg en moet zich vastklampen aan de operatietafel. Een jongetje zonder staartje is natuurlijk ook niet niks.

De operatie moet tijdelijk even stilgelegd worden, want het operatieteam komt niet meer bij van het lachen. Tranen biggelen over hun wangen en de gynaecoloog stelt mijn man tussen het hinniken door gerust. Het ging om het vogelstaartje van mijn tatoeage op mijn onderbuik en ook dat was een grapje. De kolibrie heeft zijn staartje nog, en of het om een jongetje of een meisje gaat, houdt hij nog even geheim. Zoals afgesproken toch? Zover is hij nog niet.

Na wat een eeuwigheid lijkt, maar wat in werkelijkheid, geteld vanaf het moment dat we de CTG-kamer uitrijden, maar een half uur geduurd heeft, is daar dan ons meisje. Ze wordt heel even naast mijn hoofd gelegd, meer dan een paar seconden is het niet en dan wordt ze meegenomen. Ze wordt schoongemaakt en nagekeken. Niets om je zorgen over te maken, stellen ze ons gerust. Mehoela. Mijn man en ik kijken elkaar aan en voelen elkaars angst. Het team babbelt en kletst, probeert ons af te leiden, terwijl ze me weer netjes dichtnaaien. Ik luister niet meer, reageer niet meer en kijk constant naar de deur waarachter onze dochter is verdwenen.

Ik lig al lang en breed op de zaal, als dan eindelijk het plexiglazen karretje aangereden wordt met onze dochter. 'Het gaat goed met haar, ze hebben haar wel even moeten helpen, maar nu gaat het goed,' zegt de verpleegster. Hoezo, moeten helpen? Wat houdt dat in, wat betekent dat?

De vragen stormen door mijn hoofd, maar het verlangen om mijn dochter vast te houden is te groot, dus ik slik de vragen in en barst in tranen uit wanneer ze dan eindelijk in mijn armen ligt. Ieniemienie klein, haar torso kleiner dan mijn hand. Stil kijken mijn man en ik naar onze dochter. We wisselen onze gevoelens, onze angst en onze opluchting uit met onze ogen. Onze handen vinden elkaar. Woorden zijn niet nodig.

Lang duurt die stilte niet. Ze moet drinken, aan de borst. Hoe sneller hoe beter. Een verpleegster helpt me bij mijn onhandige pogingen om haar aan de borst te leggen. Hoewel het gevoel van haar huid, haar handjes, haar mond op mijn borst onvergelijkbaar is, heeft ze nog weinig zin om te drinken. Ze valt vrijwel direct in slaap. De twee dagen daarna is dit een constante herhaling. Ze drinkt telkens misschien een paar druppeltjes en valt dan in slaap. Het enige wat verandert is dat ze steeds minder vaak wakker wordt en steeds slapper en bleker wordt. De frustratie bij mij en bij het verplegend personeel wordt steeds groter. Mijn wanhoop ook. Het onvermogen mijn kind te kunnen voeden, voel ik als een persoonlijk falen. Ik volg de instructies van het personeel, ik geloof hun overtuiging dat borstvoeding écht het beste is en dat het soms even duurt. Geduld is in deze een schone zaak. Het is mijn eerste kind, ik ben een groentje, dus ik luister naar de mensen die dit dagelijks doen. Hoewel mijn instinct roept en steeds harder schreeuwt dat dit niet goed gaat. Jaloers kijk ik naar het gulzige drinken van de andere baby's op de zaal.

De bom barst, wanneer er op een gegeven moment twee verpleegsters en een verpleger rond mijn bed staan om me te helpen borstvoeding te geven. Ze trekken en duwen aan mijn borsten, leggen onze dochter in verschillende standen aan en moedigen me aan. Soms heel lief, soms knorrig. Good Cop, Bad Cop, maar dan anders.

In tranen kijk ik mijn man aan en besef dan direct dat hij op het punt staat om om zich heen te gaan slaan. Hij kan dit getrek en geduw aan mij en zijn dochter niet langer meer aanzien. Hij heeft een lang lontje, maar juist op dit moment zie ik dat het lontje op is.

Ik waarschuw hem, maar ook de verpleging

zachtjes, maar daardoor juist o zo duidelijk. Ze moeten opdonderen, allemaal. Ik moet met mijn man praten. Lang hebben we niet nodig. We zijn het eens. Ons gevoel zegt dat er iets niet klopt. Dus we eisen dat de kinderarts komt kijken. Nu, meteen, gelijk. Onze hervonden vastberadenheid is onmiskenbaar, dus de kinderarts wordt gehaald. De kinderarts onderzoekt onze dochter, schiet vuur met zijn ogen naar het verplegend personeel en beaamt dat dit niet goed gaat zo. Ze moet naar boven, naar de bewaakte kinderafdeling en direct aan de sonde-voeding. Hij neemt haar gelijk mee. Wij volgen in zijn kielzog.

Daar blijft ze tien dagen. Ik mag ook blijven. Het gaat niet zo goed met me. Ik doe geen oog dicht op de drukke kraamafdeling en herstel niet zo snel als zou moeten van mijn keizersnede. Tien dagen sjok ik heen en weer van de zaal naar de kinderafdeling. Ik leer de elektrische kolf kennen. Elke drie uur voed ik mijn dochter met een flesje en ga vervolgens kolven. Een soort zuignapje wordt op mijn tepel gezet en vervolgens zuigt de machine mijn melk uit mijn borst. Het geluid dat daarbij hoort. Als ik er nog aan denk. De melkmachines op een boerderij maken minder geluid. Maar, borstvoeding is het allerbeste, ze wil niet drinken uit mijn borst, dus er is geen alternatief. Ik onderga deze vernederende bezigheid acht keer per etmaal. Inmiddels geef ik zelf genoeg melk, maar eerst werd ze ook nog bij gevoed met kunstmelk.

Ik zit afwisselend bij het bedje van mijn dochter, of lig op mijn bed op zaal, te kijken naar de televisie die boven mijn bed hangt, met daarop de camera-beelden van mijn dochter. Tien verschrikkelijke, tergend lange dagen. Wanneer ik dan uiteindelijk met mijn dochter het ziekenhuis uit stap, de regen in, kijk ik naar de grijze wolken in de lucht. Toepasselijk vind ik. De zoveel bezongen roze wolk, was er niet voor mij. Dan kijk ik naar het roze gezichtje van mijn dochter en corrigeer mezelf.

Die roze wolk is er wel degelijk.

11. De verkeerde kamer

Ik word wakker en staar blind in het donker. Het is stil, onze dochter is uit logeren, mijn knuffelbeer ronkt geruststellend naast me. Ik heb geen idee waar ik wakker van ben geworden. Ik luister naar de geluiden buiten, doezel weer weg en word weer wakker. Ik moet plassen. Ik zwaai mijn benen het bed uit en probeer mijn logge lichaam overeind te krijgen. De laatste maanden ben ik wel vijfentwintig kilo aangekomen. Ik vraag me af of dat ooit nog weer goed komt. Het hindert me in alles, belemmert mijn bewegingsvrijheid. Daar moet ik straks toch echt iets aan gaan doen.

Ik geef een zetje met mijn armen op de matras en duw mijn lichaam op mijn benen. Ik waggel in het pikkedonker richting de deur. Ik tast met mijn handen naar de deurknop. Volgens mij moet ik er al bijna zijn. Ik voel de stof van het wandkleed en weet nu dat ik nog ruim een meter naar links moet. Wanneer ik de deur gevonden heb, steek ik over naar de badkamer. De luxe van een toilet boven, wordt door mij tien keer zoveel gewaardeerd nu ik zo'n plofkip ben geworden. Ik ga zitten en laat mijn buik huilen. Ik suf weer een beetje weg. Na een poosje gaan er alarmbelletjes rinkelen. Het blijft maar druppelen. Er komt geen einde aan! Het duurt even, maar dan dringt het tot mijn benevelde brein door…

Ik ben nog niet helemaal zeker, wil geen slapende honden wakker maken en heb dorst, dus besluit eerst beneden eens wat te gaan drinken. Die trappen op en af lopen, zullen de doorslag geven. Ik schommel voorzichtig de trap af, schenk mezelf wat druivensap in en ga zitten. Na het derde (!) glas besluit ik weer naar boven te gaan. Ja hoor! Nu weet ik het zeker! Het is zover.

Ik maak mijn man wakker. Dat gaat niet zonder slag of stoot, maar als hij eenmaal begrijpt wat er aan de hand is, raakt hij volledig in paniek. Hij rent als een dolle de trap op en af, graait allerlei spullen bij elkaar, zit te zoeken in zijn telefoon en probeert ondertussen zijn kleren aan te trekken. Ik geniet met volle teugen van dit zeldzame schouwspel en wacht geduldig tot hij paniekerig bij me komt staan. Hij kijkt me hulpeloos aan en vraagt wat we nu moeten. Wanneer ik hem heb duidelijk gemaakt, dat alles al klaarligt en we eerst maar eens moeten bellen, kalmeert hij uiteindelijk een beetje.

We zitten naast elkaar op het bed en ik pleeg het telefoontje. Onder het telefoontje voel ik de eerste pijnscheuten door mijn buik trekken. Verrast val ik stil. Dit gevoel is nieuw voor me. Anders dan anders. Wanneer alles is doorgesproken stappen we in de auto. Ik maan onderweg mijn man tot rust, die paar minuten meer of minder maakt niets uit, maar ondertussen krimp ik inmiddels elke paar minuten in elkaar. Ook bij mij begint de spanning te borrelen. Onwetend wat me te wachten staat, bang gemaakt door alle horrorverhalen. Bij de geboorte van ons eerste kind heb ik niets van dit alles meegemaakt.

We stappen het grote gebouw in en melden ons bij de balie. De baliemedewerkster vertelt me dat er op ons gewacht wordt. We kunnen doorlopen naar de lift. Om de dertig meter moet ik stoppen en hap ik naar adem. Als de ergste pijn is weggezakt, beginnen we aan de volgende meters. Mijn man staat er dan hulpeloos bij, klopt me goedmoedig op de rug en knikt en lacht wat beschaamd naar de mensen in de gang. Als ik op het knopje druk van de lift, krijg ik paniekerige visioenen van spontane waterlozingen door de druk, maar dat valt gelukkig mee. Wanneer de liftdeuren open kreunen, staat er al een verpleegster op ons te wachten. Ze bekijkt de situatie en kijkt mijn man misprijzend aan. 'U had toch op zijn minst een rolstoel voor haar kunnen pakken!' Mijn man sputtert wat, kleurt tot diep in zijn nek en doet er het zwijgen toe. Arme man... Dat ik die rolstoel eerder weigerde zegt de schat niet.

Na wat onderzoekjes zijn we dan weer alleen op de kamer. Het kan nog wel even duren hebben we begrepen. We kijken in elkaars ogen, lezen elkaars gedachten en glimlachen onzeker. Om de paar minuten verdwijnt hij uit mijn gezichtsveld en komt weer als een visioen tevoorschijn.

Zoals jullie al hebben kunnen lezen, de eerste keer heb ik niets van dit alles meegemaakt. Toen ben ik half doormidden gesneden. Toch een bizar idee. Dat ze dan de huid, de buikwand, van alles doorsnijden en dat het dan uiteindelijk weer goedkomt. Hoe het nu goed moet komen, weet ik nu eigenlijk ook niet en ik probeer er maar zo min mogelijk aan te denken.

Mijn man heeft inmiddels vriendjes gemaakt met het verplegend personeel en praat honderduit. De kirrende lachsalvo's klinken door de kamer en irriteren me mateloos. Ik lig in mijn bed stil de pijn te verbijten en probeer het geklets te negeren. Het is inmiddels ochtend en mijn man wordt voorzien van ontbijt. De verpleegsters vinden mijn man kennelijk uiterst vermakelijk en charmant en voorzien hem van het ene na het andere dienblad met lekkers. Ook ik krijg wat aangeboden, maar om de één of andere reden heb ik geen trek.

Sterker nog, ik kots mijn complete maaginhoud over het bed en de grond. De verpleegsters vallen ineens stil en kijken met afgrijzen naar wat ik eruit spuug. Ze verbleken en rennen naar mijn bed, drukken op allerlei knopjes en weten niet hoe ze het hebben. Alles is rood. De witte lakens, de witte grond, alles bloedrood. Brengt in ieder geval wat kleur in deze omgeving, denk ik nog. Ik probeer ze gerust te stellen, maar dat gaat wat moeilijk, tussen de weeën en het kotsen door, maar uiteindelijk weet ik het woord "druivensap" eruit te persen. De opluchting gaat letterlijk als een zucht door de kamer en de alarmbelletjes worden uitgezet. Over tot de orde van de dag. Nog een boterham meneer?!

Af en toe worden we opgeschrikt door de oerkreten die uit de kamers om ons heen komen. We kijken elkaar dan verschrikt aan en denken synchroon aan wat er komen gaat. Het schiet nog niet erg op en de gynaecoloog komt een kijkje nemen. Ik mag wat pijnstilling via een infuus, zegt hij. Is nieuw. Kan ik zelf regelen. Met een knopje in de hand. Triomfantelijk kijkt hij me aan. 'Is dat niet fantastisch!' jubelt hij. Hij kijkt me stralend aan en verwacht schijnbaar een antwoord. 'Fantastisch,' mompel ik, me afvragend of hij niet goed wijs is. Ik krijg een infuus en een pompje in mijn hand. Ik begin gelijk te drukken. Het helpt alleen niet veel. Ik kan drukken tot ik een ons weeg, maar het doet helemaal niets.

Na een kwartier bekijkt mijn man het infuus en het slangetje eens wat beter. Hij roept een zuster en vraagt, zich verontschuldigend voor zijn bemoeienis, of dat klepje op de slang niet opengedraaid moet worden. Dat klopt. Het klepje wordt opengedraaid en ik ben direct zo high als een kite.

Toch handig, zo'n storingsmonteur. Mijn man wordt naast mijn bed gepositioneerd en moet in de gaten houden of ik nog wel adem-haal. 'Soms vergeten ze dat,' zegt ze geruststel-lend. Ontzet kijk ik haar aan. Ze glimlacht lief. Mijn man is gelijk helemaal bij de les en houdt me als een havik in de gaten. Om de drie seconden geeft hij mij een por. Wanneer ik hem na de zo-veelste por compleet in elkaar kan timmeren, blaf ik hem toe dat hij maar een sigaretje moet roken. Opgesodemieterd! Hij is de deur nog niet uit of ik word verplaatst naar een andere kamer. Vanwege de hartbewa-king, zegt de verpleegster geruststellend. Allemaal enorm interessant en zo, maar dat voegt nou niet echt toe aan mijn algehele gevoel van welbevin-den.

Zo'n vijf minuten later komt mijn man lijk-bleek de kamer binnen struikelen. Het lijkt alsof hij terplekke aan een hartaanval gaat bezwijken. Hij zakt op een stoel en legt zijn hoofd in zijn tril-lende handen. Met piepende en schorre stem komt uiteindelijk het hoge woord eruit; de verkeerde kamer.

Hij was weer naar boven gekomen, wist niet dat ik verplaatst was en was dus mijn oude kamer binnen gekomen. Daar was inmiddels een andere bevalling in volle gang bezig. Hij had een perfect uitzicht op het hele gebeuren en had pas na een aantal seconden door dat die krijsende vrouw, zijn vrouw niet was.

Zodra de zusters en de verloskundige zijn bij-gekomen van de slappe lach en mijn man enigs-zins bekomen is van de schrik, gaan we nu écht aan het werk, volgens de verloskundige. Hoezo, écht aan te werk!? Hoe moet ik dat zien, dat het tot nog toe een peulenschil was?! Geïrriteerd zet ik mijn voeten in de stijgbeugels. Mijn man besluit dat dit het beste moment is om de camera erbij te pakken. Ik open mijn mond om hem uit te kafferen, maar realiseer me dan ineens weer dat we dat hadden afgesproken. Bij de keizersnede mocht ik niet meekijken en dat vind ik tot op de dag van vandaag jammer. Nu hadden we afgesproken dat hij de daadwerkelijke bevalling zou filmen, zodat ik dat later, wanneer ik er aan toe was, ook eens van de andere kant kon bekijken.

Ik sluit mijn mond en laat me meegolven met de stroming. Wanneer na bijna twintig uur de tijd stil staat, kijken we naar dat prachtige, slijmerige, bloederige hoopje mens op mijn borst en weet ik met volle overtuiging te zeggen, dat een échte bevalling, voor mij in ieder geval, de voorkeur geniet. Dit te voelen, direct dat warme lichaampje op mijn borst, die kleine vingertjes die mijn huid voelen voor de eerste keer, het mondje wat al zoekt naar mijn borst. Dit, gelijk, direct, je baby tegen je aan... Nergens mee te vergelijken.

Verbijsterd kijken we naar ons maaksel en hebben geen woorden. Tot mijn man na ongeveer twintig minuten vraagt: 'Maar wat is het eigenlijk? Een jongetje of een meisje?' Ook ik realiseer me ineens dat ik geen flauw benul heb en kijk eens voorzichtig onder het dekentje.

Een zoon. Ons gezin compleet.

12. Gehakt

Juist. Dat dus. Die beschrijving zegt het eigenlijk wel. Toen de verloskundige de gynaecoloog erbij riep en ik tussen de weeën door iets meekreeg over het uitblijven van persweeën, het hoofd dat te groot was en dat inmiddels de tijd ging dringen, kreeg ik al een donkerbruin vermoeden van wat er zou gaan gebeuren. Veelbetekenend keken ze van mij naar mijn man en troostend zei de verloskundige tegen mij: 'Dat heeft het overduidelijk niet van jou.'

Wat kon mij dat nou verdommen! Die baby moest er uit, want zo zoetjes aan was ik het wel zat om te proberen een bowlingbal uit mijn buik te persen. Lichtelijke paniek maakte zich van mij meester.

Geruststellend zei de gynaecoloog dat er overal een oplossing voor was en pakte een schaar. Mijn man, die keer op keer tevergeefs opnieuw de camera had gestart, om de bevalling, die nu, deze keer, dan toch eindelijk daadwerkelijk zou gaan gebeuren, te filmen, werd naast mijn bed gedirigeerd. Het leek ze verstandig dat dit niet op de film kwam én dat hij zou gaan zitten. Ik zou er niets van voelen, ze zouden knippen tijdens een wee en die pijn zou de rest verwaarloosbaar maken. Bovendien zouden ze licht verdoven.

Dat klopte. Alleen het geluid en het gevoel van het doorknippen van een soort elastiek, toen ze de bekkenbodemspier inknipten, was toch enigszins verontrustend en misselijkmakend. Een paar seconden later was dat alweer vergeten, want toen lag onze jongste telg bij mij op de buik.

De eerste paar dagen na de bevalling had ik het gevoel dat mijn ingewanden elk moment uit mijn buik konden vallen. Wat betreft het slagerswerk, ik kon me niet voorstellen dat ik ooit weer op de normale manier seks zou hebben. De strings werden verbannen naar een donker hoekje in de klerenkast, de fiets bleef enige tijd werkeloos in de garage staan, maar uiteindelijk viel het allemaal reuze mee. Het herstellend vermogen van een mens is soms verbazingwekkend. Het enige wat ik op de één of andere manier niet meer kon, was op hakken lopen. Terwijl ik voor die tijd, behalve als ik ging wandelen, toch meestal op hakken liep. Na de zoveelste poging om mijn gehakte schoentjes weer te dragen en nadat ik na een paar meter die ondingen al vervloekte en mijn rug luidkeels protesteerde, kocht ik berustend wat bravere, hakloze exemplaren.

Onlangs, kwam ik bij toeval bij een tweedehands klerenwinkel, waar ik op zoek was naar broeken voor de kinderen, spiksplinternieuwe gehakte laarsjes tegen, precies in mijn maat. Ik vond ze het einde en ze kosten maar twee-en-een-halve euro. Die kon ik niet laten liggen natuurlijk.

Na wat oefenen thuis, besloot ik ze op een ochtend aan te trekken. Terwijl ik met de kinderen naar school loop, voel ik me op de één of andere manier vrouwelijker, zelfverzekerder. Mijn houding verandert van een brave mamamuis, in de zelfverzekerde houding van een kittige dame.

Wanneer de kinderen onderweg willen huppelen, zoals we altijd doen, doe ik een poging, maar laat al snel afweten. Ze moeten maar met zijn tweetjes huppelen. Zwaar teleurgesteld huppelen ze verder. Wat hebben ze nou aan een mama die niet meehuppelt!

Ze zijn veel sneller dan ik en ze naderen het drukke kruispunt, dus ik tracht een sprintje te trekken om ze in te halen. Ook dat lukt niet zo best. Na een paar keer bijna mijn enkels verzwikt te hebben, geef ik het op en brul ze na dat ze moeten stoppen bij het kruispunt. Deze keer luisteren ze gelukkig.

Bij de ingang van school ligt een rooster. Mijn hak verdwijnt in één van de gaten en blijft haken. Ik kan mijn handen niet gebruiken om me op te vangen, want die hebben mijn kinderen vast. Ik smak zo onelegant als het maar kan op mijn bek. Van de kittige dame blijft niets meer over.

Geschrokken helpen de kinderen me overeind. De schade valt gelukkig mee. Met een dikke lip, het schaamrood op mijn wangen en een gedeukt ego, krabbel ik overeind, lach wat dommig en ontwijk de blikken van alle ouders en leraren die hebben mogen meegenieten van dit moment.

Weer thuis, schop ik de laarsjes uit en pleur ze linea recta in de container. Gehakt zullen ze me niet snel meer zien.

13. Consuminderen

We beknibbelen ons suf. We beknibbelen op zo'n beetje alles. Het is voor ons een sport geworden om met zo min mogelijk rond te komen. En elke maand proberen we dat record te verbeteren. Deze "ziekte" is begonnen toen ons eerste kind geboren werd. We werkten allebei fulltime en hadden het financieel ruim. Toen het tijd werd dat ik weer aan het werk ging, bleek al snel, dat ik zo'n moeder was, waarvan ik altijd gedacht had, dat ik dat niet zou worden. Ik was verknocht en slaafs aan mijn baan. Maar ik wilde/kon ook geen minuut zonder onze baby. Het bleek al snel dat ik onmogelijk aan mijn eigen eisen kon voldoen. Én honderd procent moeder én honderd procent inzetbaar als loonslaaf. Ik had het gevoel dat ik continue in een spagaat lag en aan alle kanten tekort schoot. Ik werd er doodongelukkig van.

Dus besloten we het ondenkbare te doen. Ik nam ontslag. Dat betekende ook, dat we in één keer gigantisch omlaag duikelden in besteedbaar inkomen. Dus we gingen aan de slag. Alle maandelijks terugkerende lasten werden onder de loep genomen en deze werden geschrapt/opgezegd of we besteedden uren aan het vergelijken van de verschillende aanbieders van kostenposten. Dat betekende bijvoorbeeld ook dat onze twee motoren de deur uit gingen. Dat deed even pijn, maar uiteindelijk: hoe vaak reden we er nou eigenlijk mee? De mobieltjes gingen de deur uit, de krant werd opgezegd, het tv-pakket werd opgezegd (Nederland 1,2 en 3 hadden we dan nog en dat was voldoende), de aanvullende ziekenfondsverzekeringen gingen eruit, enzovoort, enzovoort.

Het kostte even wat tijd, maar het was ongelofelijk wat we in een paar maanden tijd konden
besparen op onze maandelijkse vaste lasten. Door
puur onze rekeningafschriften te bekijken, de verschillende afschrijvingen onder de loep te nemen
en heel zwart-wit de vraag te stellen: hebben we
het nodig? Zo nee, weg ermee! halveerden we
onze maandelijks terugkerende lasten.
   Ook investeerden we in zaken die ons uiteindelijk, hoopten we, besparingen zouden opleveren. We lieten ons huis isoleren: muren, vloer en
dak, we lieten een houtkachel installeren en besloten voortaan alleen op hout te stoken. We lieten
het ene bedrijf na het andere komen voor een of-
ferte, speelden ze tegen elkaar uit en googelden
ons suf over alle voor- en nadelen en rendemen-
ten, de betrouwbaarheid van de bedrijven en on-
derhandelden ons wervelstormen in de rondte.
   Alhoewel de investeringen nog altijd fors waren, konden we na vijf jaar al zeggen, dat die kosten er uit waren en we maandelijks een behoorlijk
lage energierekening hebben. Deze was toen al
gehalveerd. Door het elk jaar opnieuw vergelijken
van de verschillende energiecontracten is het nog
steeds elk jaar zo, dat we minder in plaats van
meer gaan betalen.
   Ook werd er niets meer nieuw gekocht. Alles
werd tweedehands gekocht en ook dit ging ge-
paard met uren vergelijken en onderhandelen op
internet. Bovendien: hebben we het nodig? Zo
nee, pech, dan komt het er niet.
   De boodschappen doen we één keer in de
twee weken. Op is op. Dus wanneer de koekjes na
de achtste dag op zijn, jammer dan, over zes dagen pas weer boodschappen doen. En we kopen
groot in. Het voer voor onze dieren bijvoorbeeld

kopen we groot in via internet, dat is dan een vrij groot bedrag in één keer, maar als je het terugrekent, betaal je minder dan de helft, van wat je anders zou betalen in de winkel, zelfs inclusief de verzendkosten en dan wordt het nog thuis bezorgd ook.

Zo kan ik wel even doorgaan met voorbeelden. Het idee is wel duidelijk denk ik. Wat we opzij konden zetten, zetten we opzij. Wanneer we een meevaller hadden, werd dat direct op een spaarrekening gezet. Wanneer het na zoveel tijd om een redelijk bedrag ging, werd dit ingelost in het aflossingsvrije deel van de hypotheek. Dit leverde ons per direct een verlaging op van de maandelijkse hypotheeklasten, niet veel, want het ging natuurlijk niet om grote bedragen, maar wanneer je dat elk jaar doet, kan je na acht jaar zeggen, dat al die kleine beetjes, inmiddels een behoorlijke besparing op de maandlasten opleveren. Waardoor je dus ook gelijk weer meer opzij kunt zetten.

Inmiddels is het zover, dat we onszelf af en toe belonen voor onze beknibbel-prestaties. In plaats van het gespaarde bedrag in te lossen, kopen we nu van een deel daarvan een luxe-iets. Bijvoorbeeld vorige zomer een loungeset voor onder de overkapping. Hier wordt natuurlijk wel weer heel veel tijd aan besteed door te vergelijken, te onderhandelen en af te dingen, maar uiteindelijk staat hij er wel!

Het gekke is, is dat we ons rijker voelen dan ooit. Elk extraatje zien we ook echt als extraatje, als een beloning, als een prestatie. Ons inkomen is bijna gehalveerd, maar ons gevoel van rijkdom is vertienvoudigd.

Begin dit jaar ging onze jongste naar school

en om wat om handen te hebben, heb ik een be-
drijfje opgestart vanuit huis. Ook dit hebben we
na heel veel onderzoek, met bijna geen kosten,
maar wel heel veel uren wanneer de kinderen
naar school waren of 's avonds wanneer de kinderen naar bed waren, van de grond kunnen krijgen.
Of het uiteindelijk rendabel blijkt te zijn, moet nog
blijken, maar het heeft enorm veel plezier en ontzettend veel ervaringen en leermomenten opgele-
verd, zonder dat dit direct ten koste ging van de
tijd voor mijn gezin. Ik was nog steeds honderd
procent moeder op de momenten dat mijn kinderen en man thuis waren.

Kortom, de vrijheid en flexibiliteit die we hebben gekregen, door de beslissing te nemen om
ontslag te nemen is gigantisch. Dit alles gezegd
hebbende, moet ik er wel de kanttekening bij zetten, dat wij natuurlijk met dat ene inkomen niet
op bijstandsniveau zitten of iets dergelijks. Door
ploegentoeslag is dat inkomen zelfs heel redelijk
te noemen. Investeringen zoals die isolatie was
toen mogelijk voor ons, (ook doordat we voor die
tijd natuurlijk een dubbel inkomen hadden) maar
dat zal voor lang niet iedereen gelden. Ook is het
zo, dat doordat we compleet afhankelijk zijn van
één inkomen, we natuurlijk ook heel kwetsbaar
zijn. Krijgt mijn man ontslag, wordt hij arbeidson-
geschikt, dan hebben we een groot probleem.
Daartegenover staat dat we dan beiden op zoek
kunnen gaan naar ander werk, dus dubbel kans op
een nieuw inkomen. Bovendien is ons bestedings-
patroon al gebaseerd op een veel lager inkomen
dan we nu hebben, maar toch.

Ik denk wel dat iedereen, op zijn of haar manier kan consuminderen. En dat door kritisch te
kijken naar vastgeroeste gewoonten en de maan-

delijkse kosten er bij bijna iedereen financiële ruimte gecreëerd kan worden. Of je dat wilt is natuurlijk een tweede. Je wilt natuurlijk wel een beetje genieten van het leven en jezelf niet alles ontzeggen. Toch heb ik niet het gevoel dat we dat gedaan hebben. Juist het tegenovergestelde. Op het moment dat we ons extraatjes, luxe gingen ontzeggen, begonnen we pas de waarde van die luxe te zien. En als we dan uiteindelijk die luxe "verdiend" hebben door te beknibbelen is het gevoel waanzinnig!

14. De rode bal

Tevreden kijken we naar het eindresultaat. De bank staat. Niet van nieuw te onderscheiden. Na een dagenlange zoektocht op internet, hebben we uiteindelijk onze keus gemaakt en het bankstel opgehaald. We lopen naar buiten voor een frisse neus en raken in gesprek met de buren. Sammie snuffelt geïnteresseerd de nieuwe geuren van het bankstel op. Elke centimeter wordt besnuffeld. Uiteindelijk is ze het beu en wordt ze afgeleid door een zonnestraal die weerkaatst in een mooie, rode, glazen bal die op tafel staat. Ze werpt een blik door het raam naar buiten, ziet dat wij nog druk in gesprek zijn en waagt de gok. Via de bank springt ze op tafel en neemt de rode bal in haar bek. Tjonge, die is nog best zwaar zeg! Ze laat hem een paar keer vallen op de tafel, voordat ze goede grip heeft en wipt weer op de bank. Ze kijkt naar de butsen in de tafel, kijkt naar buiten, legt de bal neer en gaapt nerveus. Ze kijkt hulpzoekend naar haar bejaarde maatje Pukkie, die in zijn mand ligt, maar die is diep in slaap. Ze weet dat het niet mocht, maar de verleiding was zo groot!

Over verleidingen gesproken, de bal vlucht en verstopt zich in de kier van het zit- en ruggedeelte. Maar dat spelletje is leuk! Ze probeert met haar bek de bal te pakken te krijgen, maar elke poging zorgt er alleen maar voordat de bal dieper wegzakt! Een oerinstinct roert zich in haar binnenste en ze begint te graven, te happen en te bijten. Stukken leer en stukken schuim dwarrelen om haar heen. Buiten zichzelf van enthousiasme graaft ze zich een weg naar haar prooi. Die is gewiekst en nestelt zich steeds dieper de bank in. Maar dat geeft niet, ze geeft niet zomaar op! Dolgelukkig laat ze zich gaan en baant zich een weg. Ze is er bijna, de bal kan geen kant meer op, de overwinning is nabij!

Dan wordt ze zich bewust van stemmen en voetstappen. Ze kijkt achterom en ziet onze geschrokken gezichten en die van de buren in de deuropening. Onmiddellijk slaat de paniek toe, ze vliegt van de bank af en kruipt onder de tafel. Onderweg laat ze een spoor van druppeltjes achter...

We kijken naar onze nieuwe, tweedehands bank en zuchten diep. Deze bank heeft het welgeteld een half uur volgehouden. We proppen de vulling zo goed als het kwaad weer terug, leggen er een deken op, dweilen de vloer en pakken onze laptop erbij. We hadden nog wat alternatieven achter de hand, voor het geval deze bank niets werd...

De rode, glazen bal wordt verbannen naar de bovenste plank van de kast. En Sammie? Tsja, na een paar minuten was ze het voorval alweer vergeten en ze heeft nog dagenlang intens gelukkig liggen kauwen op een stukje leer.

15. Poep

Mijn hele wereld is een aaneenschakeling van schijtmomenten. Serieus. Er gaan geen tien minuten voorbij dat ik niet bezig ben met poep. Vrijwillig besnuffel ik kontjes op zijn hondjes. Was het maar een scheetje of is er meer aan de poeperd? Bij twijfel haak ik mijn vinger achter de luier en neem bezorgd een kijkje op het achterste van onze baby. Met een beetje pech mijn vinger besmeurend met derrie, maar waar ik een paar jaar eerder alleen al bij de gedachte over mijn nek ging, doet het me nu helemaal niets. Tig keer per dag wordt de ontlasting gekeurd, bekeken, geteld en besnuffeld. Te weinig, teveel, te dun en te dik is allemaal niet goed. Wat dan wel goed is, weet ik zo even niet in woorden uit te leggen, maar dat weet je dan gewoon. Moederinstinct.

Bij ziekte en de daarbij behorende diarree is het helemaal een bescheten zaak. De diarree met grote kracht, bij gebrek aan ruimte in de luier, alle gaatjes en kiertjes uitgeperst, maakt van het babyledikantje één groot poepkunstwerk.

Mijn baby til ik druipend in zijn drek zijn badje in en neuriënd spoel ik hem schoon, droog hem af, bepoeder zijn billetjes, voorzie hem van een schone luier, trek hem schone kleertjes aan, leg hem tijdelijk op het speelkleed, verschoon zijn bedje, vul de wasmachine, desinfecteer zijn badje en begin vervolgens vrolijk opnieuw als blijkt dat hij en zijn speelkleed de volgende lading mest te verduren hebben gekregen. Wanneer ik ook deze lading excrementen verwijderd heb van kind, beddengoed en meubilair, laat ik me bij het opnieuw beluieren nog eens hikkend van de lach onderplassen door mijn zoontje en mijn dag is compleet. Zijn piemeltje zwiept vrolijk in het rond en besprenkelt zichzelf, mij, de muren, het meubilair en de grond met zijn goudgele vocht. Het washandje, dat speciaal hiervoor altijd grijpklaar ligt, is uiteraard verdwenen.

Ondertussen heb ik ook nog grote bewondering voor de kak en de plasjes in het potje van mijn dochter. Ik maak er nog net geen foto van, zo prachtig vind ik het. Kirrend sta ik boven het potje trots te wezen en maak een vreugdedansje met mijn dochter. (Al is het maar vanwege de hoop (!) die het doet gloren aan de horizon. Binnenkort heel wat minder luiers te verschonen.)

Wanneer ik 's avonds mijn dag doorneem met mijn man vertel ik in detail hoeveel, hoe vaak en op wat voor manier onze kinderen de dag doorgekakt zijn. Ook de hoeveelheid eten en drinken die ik bij de kinderen naar binnen heb kunnen werken wordt besproken en opgelucht kunnen we met zekerheid zeggen dat vannacht en morgen weer nieuwe kaka-momenten beloven. We zeiken nog even na over buikkrampjes, verstoppingen versus diarree en na een uitermate onderhoudende discussie over de voor- en nadelen van potjes babyvoer versus zelfgemaakte babyvoeding laat ik nog even snel de hond uit. Die moet zich tenslotte ook ontlasten. Ook daar is geen vuiltje aan de lucht, dus tevreden stappen wij even later ons bed in, maar niet voordat ook wij ons even ontdaan hebben van de nodige afvalstoffen. Voorlopig is iedereen even uit gepoept en gezeken en voor een paar uur verdrinken we in het geurloze niets van de slaap. Alhoewel... de gasfabriek die naast mij ligt, doet af en toe die idylle wat geweld aan...

16. Een steekje los

Langs de rand van de heide staan een paar bijen-
kasten. Hoe dichter we bij de kasten komen, hoe
duidelijker het gezoem. In stroompjes vliegen de
bijen de kasten in en uit. Voor de zekerheid ritsen
we het muggengaas van de fietskar annex wan-
delwagen, waarin onze vermoeide kinderen zitten,
dicht.
Net wanneer we aan de kinderen willen gaan
uitleggen waar die kasten precies voor zijn, komt
er een Jeep aanrijden. Een man stapt uit, trekt
een imkerpak aan, pakt van alles en nog wat uit
de auto en loopt naar ons toe. Hij groet en waar-
schuwt ons. Hij gaat de kasten besproeien met
spul dat een bepaald soort mijt en schimmels
doodt. De bijen kunnen dan nog wel eens een
beetje agressief worden. Dus het is verstandig om
enige afstand te bewaren. We trekken dit niet in
twijfel en gaan vijfentwintig meter verderop staan.
De imker gaat aan het werk. Na een poosje
vraag ik, of we toch wat dichterbij mogen komen.
Dat mag, want het lijkt mee te vallen met de
agressiviteit van de bijen, maar wel op eigen risico. De kinderen zijn beschermd in hun kar met
muggengaas, dus we nemen dit risico. Dit is een
uniek leermoment, ook voor onszelf, dus we komen langzaam dichterbij.
De imker merkt onze oprechte interesse op en
besluit een lezing te houden over de zorgwekken-
de bijensterfte in Europa. Aangezien de honingbij
ongeveer tachtig procent van onze gewassen be-
stuift is deze onmisbaar voor onze voedselteelt.
Dat er elk jaar minder bijen de winter overleven is
dus inderdaad, zacht gezegd, reden tot grote zorg.

Terwijl hij tegelijkertijd aan het vertellen en aan het sproeien is, maakt er zich ineens een groepje bijen los van de zwerm en stormt op ons af. We deinzen achteruit en zetten het op een lopen. Te laat. Een jengelende pijn schiet door mijn wang. Ik klauw naar mijn gezicht, voel de bij en trek hem los van mijn wang. Mijn wang rimpelt en golft en beweegt. Ongecontroleerd trekt mijn wang zich samen en weer los. Ik wil de kinderen niet bang maken en me ook niet laten kennen ten opzichte van de imker, dus gebaar naar mijn man dat we rustig door moeten lopen. Hij begrijpt de hint, we bedanken de imker voor zijn verhaal en maken ons dan uit de voeten.

Terwijl we verder lopen, blijft mijn wang bewegen. In mijn binnenste begint als een gloeiende bal de paniek te groeien. Ik heb de bij er dan wel afgetrokken, maar het kontje met de angel is blijven zitten en die is nog steeds spastisch aan het steken in mijn wangspier. Het lukt me niet om hem er uit te trekken.

Wanneer we ver genoeg weg zijn, grijp ik mijn man bij zijn lurven en jammer dat hij dat ding er uit moet trekken. Hij doet zijn best, maar krijgt het ding ook maar moeilijk te pakken. Het lijkt wel alsof hij steeds dieper vast komt te zitten. Uiteindelijk lukt het hem. Maar het gif, dat wij met onze onhandige pogingen om de angel te pakken te krijgen en los te trekken, keer op keer de wangspier in spoten, laat nog zeker een uur mijn gezicht spastisch samentrekken. Tot groot vermaak van mijn man en kinderen. Ze komen niet meer bij van het lachen. Ettertjes. De paar mensen die wij tegenkomen, zie ik verwonderd kijken naar mijn stuiptrekkende gezicht. Ze zullen wel denken: die heeft een steekje los!

17. Idee

Ho! Stop! Wacht! Idee!! Geweldig idee, leuk om te
doen, kan ik al mijn creativiteit in kwijt! Super gewoon! Dit is het helemaal! Het ei van Columbus!
Dat ik daar niet eerder aan gedacht heb! Is het
uitvoerbaar, wat heb ik er voor nodig, kan ik het
alleen? Tuurlijk, aan de slag! Niet denken maar
doen!

Ik donder de stofzuiger aan de kant en vis
overal de spullen vandaag die ik nodig heb en ga
aan de slag. Ergens in mijn achterhoofd jengelt
een heel irritant stemmetje: Zou je niet zus, zou
je niet zo, wees voorzichtig, is dit wel de juiste
manier om het aan te pakken, kan je niet beter
eerst… Vooruit, voor één keer dan verstandig zijn
en eerst eens wat research doen, of beter nog: ik
bel mijn Goeroe.

Zo gezegd zo gedaan. Binnen vijf minuten is
er geen spaan meer heel van mijn idee. Gedesillu-
sioneerd leg ik de telefoon neer. Mijn Goeroe heeft
gelijk, in alles wat hij zegt. Geen goed plan.

Maar toch: Er zijn altijd hele goede redenen te
verzinnen om iets niet te doen, of anders te doen,
maar als dat al je lol, spontaniteit en plezier in de
dingen verknalt, waarom zou je dan überhaupt
iets doen!? Ik wil niet nadenken over het beschermen van mijn belangen, of het financieel wel wat
oplevert, hoe ik het juridisch dicht moet dichttim-
meren, of dit de juiste manier is. Zolang ik er niemand kwaad, pijn of verdriet mee doe, zolang ik
er niemand mee benadeel, waarom dan de wereld
niet kleuren, betoveren, verrassen?

Nee, de volgende keer bel ik niet, trek ik mijn
plan, heb er lol en plezier in, geniet ervan, haal er

alles uit wat er uit te halen valt en dán pas ga ik plat om mijn bek. Er heeft inmiddels wat eeltvorming plaatsgevonden, dus dat overleef ik dan ook wel weer.

18. Geen gehoor

Twee dagen geleden besluit ik dat het allemaal anders moet. De hele indeling moet rigoureus veranderd worden. Dus wanneer mijn man en kinderen eindelijk opgehoepeld zijn, ga ik aan het werk. Om de schoonmaak- en herinrichtwoede te vergroten, zet ik muziek knalhard op en luidkeels meezingend verplaats ik bergen. Ik verschuif het bankstel, de stoelen, de kastjes en de planten. Ik verplaats lampen, accessoires en de telefoon, verwissel stekkerdozen en maak tegelijkertijd de opeens bereikbare plekjes stralend schoon. Wonder boven wonder lukt dit alles zonder dat onherstelbare schade veroorzaakt wordt aan meubilair, vazen of lampen. (Daar heb ik namelijk nogal een handje van, mijn man schiet dan ook altijd enorm in de stress wanneer ik zo'n aanval krijg.)

Als ik klaar ben bekijk ik het eindresultaat, om vervolgens alles weer op de originele plek neer te zetten. Geen gezicht. Hoe haal ik het in mijn hoofd. Had ik toch kunnen nagaan dat dit zo niet past. Alleen de telefoon laat ik op de nieuwe plek staan. Ik heb geen zin om alle stekkers weer te verplaatsen en draden weer netjes onder de plinten te prutsen, bovendien staat hij daar ook prima.

De dagen daarop is het opmerkelijk rustig qua telefoon bij ons in huis. Alleen 's avonds krijg ik telefoon. Nu ben ik een avondbeller, dus er gaan bij mij geen alarmbelletjes rinkelen. (!) Totdat ik gisteravond een mailtje krijg van mijn man. Waar ik uithang. Ik ben gewoon thuis, aan het werk in mijn hoekje in de achterkamer, dus verwonderd beantwoord ik zijn mail. Blijkt dat hij mij al de hele avond probeert te bellen en geen contact krijgt. Ik sjok de woonkamer in, doe de lichten aan en check de telefoon. Niets bijzonders te zien. Ik krijg ook gewoon een kiestoon, dus ik snap het probleem niet. Ik doe de lichten weer uit en mail mijn man of hij het nog eens wil proberen. Geen geluk, hij komt er niet doorheen. Geïrriteerd controleer ik nog een keer alle snoertjes en stekkers. Haal voor de zekerheid het modem een dertig seconden van de stroom af en re-start hem weer. Nog steeds geen bijzonderheden. Alles knippert geruststellend groen, de stekkers zitten overal in, de telefoon heeft gewoon een kiestoon. Ik bel mijn man en krijg hem direct aan de lijn. Ik snap er niets van. Ik wil straks niet überdom overkomen bij mijn man, dus ik controleer later alles nog een derde keer. Dan doe ik alle lichten weer uit en kruip weer in mijn hoekje, achter de laptop. Mijn man moet straks als hij thuis is maar kijken.

Wanneer hij s 'avonds laat thuis komt, loopt hij direct in het donker naar de telefoon, hij volgt de stekker en draait zich vervolgens met een brede grijns om naar mij. Dat belooft niets goeds. Aan zijn gezicht kan ik zien dat hij iets heeft gevonden, waarmee hij mij nog heel lang kan pesten. (Ik verdenk hem er zelfs van dat hij dit van te voren al bedacht heeft, maar mij in het ongewisse liet.) Spottend trekt hij zijn wenkbrauwen op en loopt naar de afstandsbediening van de lampen. Deze kunnen namelijk met één druk op de knop van de afstandsbediening allemaal tegelijkertijd aan en uit gezet worden. Hij zet de lampen aan en Tadaaa... De telefoon heeft weer bereik... Wonder der techniek.

Had ik verdorie gewoon de telefoon in één van die stekkerdozen zitten. Mystery solved. Lampen aan, telefoon ingeschakeld. Lampen uit, telefoon uitgeschakeld. Zo simpel... Ik voel me een ongelofelijke doos, mijn man heeft weer iets in handen waarmee hij mij nog jaren kan stangen en alle moeilijk bereikbare hoekjes zijn schoon. Kortom, ik heb mijn plicht weer gedaan.

19. Ochtend

De ellende begint al om vijf uur. Een deur wordt geopend en zacht getrippel in de hal kondigt het bezoek aan van de eerste. Ik knijp mijn ogen dicht en gooi er in alle paniek nog een zacht snurkje in, in de hoop dat dit overtuigend genoeg overkomt. Zachtjes komt hij dichterbij en blijft naast mij staan. Ik veins mijn diepe slaap nog even door. Hij legt zijn handje op mijn gezicht, kriebelt wat met zijn vingers en trippelt dan weer terug naar bed. Opgelucht nestel ik me nog wat dieper in de dekens. Een minuut later gaat de deur weer open en maken de voetjes de tocht naar de badkamer. Na gedane zaken keert hij weer terug naar zijn kamer. Echter, hij laat de lamp aanstaan en die schijnt precies in mijn gezicht. Ik draai me om, por mijn knuffelbeer in de zij, zodat hij ook meedraait (kost wat moeite en meerdere porren), maar uiteindelijk lukt het. Het heeft alleen geen zin. Dat licht zit me dwars. Ik zucht en glij zo zachtjes mogelijk mijn bed uit en ga naar de badkamer. Ik knip het licht uit en keer op mijn tenen weer terug naar de gespreide armen van mijn bedje.

Ik heb net mijn ene been in bed, als ik zijn stem hoor. 'Mama???' Ik negeer hem en trek in ontkenning de dekens over mijn hoofd. Na zijn vijfde Mama! elke keer een stukje harder, de vijfde keer op het geluidsniveau van een straaljager, geef ik antwoord, uit angst dat mijn dochter ook wakker wordt. Ik hoor hem enthousiast zijn bed uit springen en onze kant op rennen. 'Mag ik bij jou komen liggen?' vraagt hij heel zachtjes en heel lief. Vooruit dan maar. Na wat gewriemel totdat we alle drie lekker liggen, is het eindelijk stil. Ik zak net lekker weg, als de deur van de kamer van mijn dochter opengaat. Ze gaat naar de wc. Onderweg terug ziet ze de open deur van de kamer van mijn zoon. Ze loopt naar binnen, ziet het lege bed en beent dan in een rechte lijn naar onze kamer. Of ze er ook bij mag liggen. Ik kan natuurlijk geen stiefkindjes maken, dus ik duw het stuk massief gesteente naast mij opzij en mijn dochter propt zich ook in ons bed. Daar liggen we dan met zijn vieren. In een bed, dat net groot genoeg is voor ons tweetjes. Binnen twee minuten slapen ze. En snurken ze alle drie een complete symfonie bij elkaar.

Na bijna anderhalf uur naar het plafond te hebben liggen staren, met de elleboog van mijn zoon in mijn nek, mijn arm compleet gevoelloos en de benen van mijn knuffelbeer liefdevol in een wurggreep om de mijne, gaat eindelijk de wekker.

Ik duw de protesterende kinderen het bed uit en dirigeer ze naar de douche. Dat wil mijn zoon niet, want die wil een pyjamadag. Uiteindelijk kan ik hem aan zijn verstand peuteren dat hij niet in zijn pyjama naar school kan. Dan begint mijn dochter te mekkeren dat ze alleen wil douchen, mijn zoon dat hij met mijn dochter wil douchen, gebekvecht onderling en uiteindelijk sta ik als compromis samen met hun onder de douche. Mijn zoon wil zijn haren niet wassen, want dat prikt, mijn dochter zit te treuzelen met de tandpasta, want die andere is lekkerder en ikzelf probeer zo goed en kwaad als het kan ook mijn wasritueel te doen zonder dat de kinderen klagen dat ze te weinig water hebben of het koud hebben.

Ik vlucht de douche uit en droog me af, trek

mijn kleren aan en verzamel de kleren van de kinderen. Het water van de douche gaat uit en ik sta met de handdoeken geduldig te wachten tot de kinderen uit gezeurd zijn over dat ze nog even onder de douche willen blijven staan.

Dan het afdrogen van de kinderen. Mijn zoon wil niet afgedroogd worden, maar gaat gehuld in een handdoek, als een soort cocon, op de badmat liggen. Zo droogt hij zich af. Het achter de oren, tussen de tenen en benen-verhaal zal ik jullie besparen. Mijn dochter voert een dansshow op in haar handdoek, hartstikke dippediedoojaa prachtig, maar dat schiet ook al niet op. Helemaal niet omdat ze per ongeluk op de hand van mijn zoon gaat staan. Dan is het helemaal bal. Mijn zoon heeft een woedeaanval, mijn dochter is zich van geen kwaad bewust en het geruzie begint van voren af aan.

Als ik uiteindelijk de oorlog heb kunnen beëindigen, dan de kleren. Mijn dochter doet nooit moeilijk, maar is altijd met van alles en nog wat bezig, behalve de kleren aan te trekken. Ze treuzelt, ze diedelt hele fantasiewerelden bij elkaar en wordt overal door afgeleid. Mijn zoon is nogal sinnig. Hij wil die broek niet aan of dat shirt niet. Of dat staat niet bij elkaar, of die broek kriebelt. Bovendien is hij bijna vijf, dus ik ben drie weken geleden begonnen hem zelf de kleren aan te laten trekken. Ik blijf er wel bij, maar hij moet alles zelf doen. Daar is hij het nog niet zo mee eens.

Ik zit dus op de wc-bril, trachtend mijn dochter in het hier en nu te houden en mijn zoon bemoedigend doch streng toe te spreken zijn kleren aan te trekken... Ik ben moe. Hoe lang nog voor het bedtijd is??

20. Doodsangst

Ik kijk naar buiten en begin inwendig te jammeren. Niet vanwege de regen, dat overleef ik wel. Ik laat de kinderen hun jassen en hun schoenen aantrekken, grijp de fruittassen, gymtassen en dicteeboekjes en loop met de kinderen naar buiten. De opgewekte, vrolijke gezichtjes verbleken als ze onder de overkapping staan, hun schoudertjes gaan hangen, mijn dochter trekt een pruillip. Ik bereid me voor op een kakofonie van jammerklachten en ja hoor, right on cue, daar beginnen ze al te mekkeren. Waarom we niet met de auto gaan, iedereen gaat toch met de auto!

Zuchtend haal ik de fietsen uit de garage, prop alle tassen zo goed en kwaad als het gaat in de fietstassen, haal een handdoek tevoorschijn, bedenk ineens dat het speelgoeddag is en race het huis weer in, de trap op, op zoek naar het favoriete speelgoedje van de week van mijn zoon, race weer naar beneden, struikel onderweg over mijn honden, die niet meer weten wat de bedoeling is en me enthousiast begroeten alsof ik minimaal een halve dag ben weggeweest. Ik kalmeer de honden, trek de deur achter me dicht, duw de kinderen richting fiets, haal de handdoek over de zadels en mopper ze de poort uit.

Buiten de poort realiseer ik me dat ik vergeten ben de deur op slot heb gedaan. Dus ik zet de kinderen, met een naar ik hoop overtuigende waarschuwing, in pauzestand, ren weer terug, vergrendel mijn fort en slip en glij weer terug naar mijn kinderen. Ze staan gelukkig nog braaf te wachten, in de stromende regen. Opgelucht dat mijn zoontje van vijf niet besloten heeft om toch een stukkie zijn grenzen te verleggen, gaan we op weg. Mijn zoontje naast me en mijn dochter achter me. Het misnoegen van mijn zoontje verdwijnt als sneeuw voor de zon als hij alle verleidelijke, grote plassen op straat ziet en probeert alle plassen te doorkruisen. Terwijl ik probeer te anticiperen op wat hij ziet, wat hij doet en meeslinger met zijn bewegingen, kijk ik om de zoveel seconden achter me, om te zien hoe het mijn dochter vergaat. Met een grimmig gezicht ploegt ze zich flink door de regen. Tegelijkertijd scan ik alle geparkeerde auto's, tegemoetkomend verkeer, achteropkomend verkeer, hobbels en bobbels in de weg. Ook die laatsten zijn favoriet bij mijn zoontje. Als in een computerspelletje probeert hij zoveel mogelijk hobbels en bobbels te raken. Terwijl mijn schoenen intussen zeiknat zijn van het opspattende water van de wielen van mijn zoontjes fiets, ik schor ben van het schreeuwen van waarschuwingen, en mijn schouders lam zijn van het corrigerend trekken aan de kraag van de jas van mijn zoontje, komen we aan bij "DE OVERSTEEK."

Nog honderdvijftig meter en dan zijn we bij school. Maar eerst moeten we een weg oversteken, die aan beide zijden geparkeerde auto's heeft, waar in beide richtingen de auto's elkaar net (niet) kunnen passeren. (Er zijn al heel wat spiegels gesneuveld.) Daartussendoor moeten dan ook de fietsers oversteken en proberen ook de voetgangers de oversteek te maken. Het staat inmiddels al muurvast.

De verkeerschaos is compleet als de auto's, de fietsers en de voetgangers "DE TRECHTER" ingaan. De school is gelegen in een park, heel idyllisch allemaal, maar een chique oprijlaan is de enige weg naar de parkeerplaats en kiss & ridestrook. Op een weg waar auto's elkaar net kunnen passeren, waar ook de fietsers en de voetgangers met buggy's met kleinere broertjes en zusjes, langs moeten (zonder fietspad en zonder voetpad) zorgen de engeltjes op ieders schouders er dagelijks voor dat iedereen heelhuids het schoolplein bereikt.

Vijf dagen in de week sta ik doodsangsten uit. Voor mezelf en voor mijn kinderen. Drie dagen per week zelfs acht keer per dag. Twee dagen slechts vier keer per dag. Wanneer het een regenachtige dag is, wordt deze angst vertienvoudigd.

Ik hoor jullie denken: nounou, komkom, tuttut, Piekje, overdrijven is ook een kunst! Dat is een feit, maar ik daag iedereen uit om een week lang mijn tochtje naar school te maken. Met een kind van vijf en een kind van zeven, op de fiets. Of lopend, steppend, hinkelend, dat mag ook.

Mijn kinderen zitten op een prachtige, nieuwe school. Onder architectuur gebouwd, midden in het park, met alle nieuwste voorzieningen en materialen. Zelfs een vier meter hoog kunstwerk voor de school ontbreekt niet. Beter kan bijna niet. Ware het niet dat om op die prachtige school te komen, het elke dag weer een overlevingstocht is om er te komen. De gemeente heeft plannen om dat te gaan wijzigen. Mijn hoop is dat ze dat doen voordat er een ramp gebeurt. Het zal je kind maar zijn die geschept wordt door een auto, voor het leven getekend is, in een rolstoel terecht komt, of waar je in een rechthoekig kistje afscheid van moet nemen.

Overdreven angst? Overbezorgd? Misschien. Ik hoop het. Ik hoop ook, dat wanneer het noodlot toch toeslaat, het niet mijn kinderen betreft. De verleiding is groot om ook met de auto te komen, dan zijn mijn kinderen tenminste beschermd door het carrosserie van de auto. Maar de angst om zelf degene te zijn die een kind over het hoofd ziet is groter. Ik zou mezelf nooit vergeven.

Buiten dat is het ook een principekwestie. Soms na een bijna-ongeluk stel ik mezelf wel eens de vraag wat belangrijker is: dat mijn eigen kinderen veilig overkomen, of dat principe... Ik hoop dat ik mezelf nooit die vraag hoef te stellen...

21. Piepschuim

Alles is wit. Werkelijk alles. Ik bevind mij te midden van een bizar, maagdelijk wit sneeuwlandschap, op mijn zolder welteverstaan. De vloer, de trap, de muren, het speelgoed, de knuffels, het met hout afgetimmerde plafond, mijn kleding, mijn haar, mijn gezicht, álles is bedekt met een laagje witte, statische bolletjes.

Terwijl ik de grootst mogelijke moeite doe om niet een enorme woedeaanval te krijgen of in huilen uit te barsten, pruts ik vuistje voor vuistje van dat K-spul weer in de zakken. Twee zakken van ruim een meter bij een meter. Die gevuld moeten worden met liters en liters piepschuim bolletjes. Vier containerzakken vol. Tenminste daar zat het een half uur geleden nog in. Nu zwem ik er in. Wat bezielde me in Godsnaam! Gisteravond leek het nog zo'n goed idee. De twee grote zitkussens op de speelzolder waren wel aan een wasbeurt toe, besloot ik. Dus met behulp van mijn twee kinderen, die ieder twee hoeken van een containerzak vasthielden, leegde ik de zitzakken. Dit verliep probleemloos.

De volgende ochtend, wanneer de kinderen naar school zijn, de honden zijn uitgelaten en de meeste ochtendchaos is opgeruimd, toog ik opgewekt met de fris gewassen zitzakken naar de zolder om dit klusje te klaren.

Ik pruts de opening van de containerzak in de opening van de zitzak en til de containerzak omhoog met mijn ene hand, terwijl ik met de andere hand de zitzak vasthoud. Er gebeurt niets. Er loopt niets de zitzak in. Ik controleer of de opening goed open is, til de zitzak ook een beetje omhoog, maar er gebeurt niets. Ik knijp wat in de containerzak, probeer het richting de opening van de zak te duwen en ja hoor, ik voel dat de containerzak leeg loopt. Pas na een tijdje krijg ik door dat de containerzak wel leeg loopt, maar de zitzak niet vol loopt. Ik kijk achter me, ik heb die containerzak zo'n beetje tussen mijn knie en mijn oksel ingeklemd, en ik krijg een rolberoerte.

Uit twee verschillende gaten in de containerzak spuit een straal witte bolletjes de zolder in. Ieder een verschillende kant op. Als het niet zo rampzalig was, zou het vast een prachtig gezicht zijn geweest. Want doordat de piepschuim bolletjes door de wrijving met de vuilniszak helemaal statisch zijn geworden, waaiert het daarna alle kanten op. Een enkele straal verspreidt zich alle kanten op, waar het maar een beetje lading kan vinden.

Ik open mijn mond om een kreet (lees vloek) te slaken en heb gelijk mijn mond vol met piepschuim zitten. Terwijl ik de beide zakken probeer vast te blijven houden, veeg ik mijn mond af aan mijn schouder en sputter de bolletjes weer mijn mond uit, om vervolgens mijn hele gezicht onder de bolletjes te hebben zitten. Ik knipper met mijn ogen om de bolletjes van mijn wimpers te halen en snuif mijn neus omdat het kriebelt. Plop, ook mijn neus zit dicht.

Ik neem een paar minuten om tot mezelf te komen. In een onmogelijke houding, trachtend me vooral niet te bewegen, tel ik tot duizend. Nog drie zakken te gaan.

Ik hoef niet te vertellen dat alle vier zakken zo ongeveer hetzelfde verhaal vertellen. Ik hoef ook niet te vertellen dat ik op dat moment in staat ben om een moord te begaan.

Wanneer ik uiteindelijk het meeste van de piepschuim bolletjes in de zakken heb, is het al bijna tijd om de kinderen weer op te halen van school. Ik bekijk mezelf, ik ben van top tot teen bedekt met piepschuim. Zo naar beneden gaan? Echt niet! Dan zit de verdieping er ook onder. Dus ik kleed me poedelnaakt uit, veeg de meeste bolletjes weg van mijn gezicht en armen en ga de trap af. Om daar uiteindelijk, halverwege, toch de huilbui te krijgen, die al ongeduldig zat te wachten.

Overal piepschuim, echt overal. Overal waar ik kijk kleven die ellendelingen aan de muren, aan de vloeren, aan alles. Ik zak als een pudding in elkaar en staar een paar minuten in het witte niets. Dan stap ik de douche in, zet de radio keihard aan en geef me over aan het geweld van de stortdouche.

De volgende keer dat die zitzakken aan een wasbeurt toe zijn, dan koop ik nieuwe. Ik zweer het je. Wat zeg ik: zitzakken? Nooit, maar dan ook nooit weer!

22. Kaal

Afschuw schiet door mij heen als ik het mishandelde koppie van mijn zoontje zie. Terwijl ik de slaap van me af probeer te schudden, kijk ik met open mond naar het gemillimeterde haar van mijn zoontje. Ik mocht uitslapen vanmorgen en heb dat dan ook met veel overtuiging gedaan. Mijn man besloot mij nog wat meer te verwennen en het mooie, blonde haar van ons zoontje, wat bij te punten. Dit verliep niet helemaal zoals zou moeten. Hij dacht met een tondeuse op "lange" stand, het karwei te kunnen klaren, maar had geen rekening gehouden met het onvoorspelbare gewiebel van mijn zoontje. Met als gevolg, flinke happen uit de haardos. Uiteindelijk had hij uit pure wanhoop, de tondeuse-stand maar op het allerkortst gezet en de hele boel eraf gemaaid. Klaar is Kees, zal hij wel gedacht hebben.

Terwijl ik bijkom van de schrik, probeer ik mijn initiële reactie goed te maken bij mijn zoontje. Mijn afschuw was onmiskenbaar en verdrietig verstopt hij zich onder de tafel. Na praten als Brugman en heel veel geknuffel, kan ik hem ervan overtuigen dat er niets mis is met zijn nieuwe haardos en gaat hij gerustgesteld spelen met zijn Dino's.

Hoewel de mensen die ons en ons zoontje kennen, allen reageren zoals ik reageerde, opent dat super korte koppie en dat bleke snoetje bij onbekenden deuren. Waar we ook gaan en staan, ons zoontje krijgt voorrang, extra aandacht, wordt op de foto gezet bij een viswedstrijd met de grootste vis in de handen en bij de kermis voor een artikel in het plaatselijke sufferdje. In de winkel krijgt hij van de caissière een tweede snoepje, bij de bouwmarkt een extra ballon en bij de slagerij nog een extra stukje worst. Terwijl ik mijn tong moet afbijten bij elke gelegenheid om niet te roepen, 'Maar hij is niet ziek hoor!!!' (Dat lijkt ook zo raar) geniet ons zoontje van alle extra aandacht die hij krijgt. Al moet er toch iets zijn binnengekomen in dat koppie van hem, want zijn haar laten knippen of naar de kapper wil hij niet meer.

Beschaamd denk ik aan de kinderen die echt vanwege een ziekte hun haar verliezen. En hoop dat ze net zoals mijn zoontje dubbel zoveel verwend worden. En hoop dat men dít misverstand door de vingers kan zien.

23. De kriebels

Ik hoor de paniek gieren in haar stem. Buiten adem gilt ze me door de telefoon toe: 'Heb je ook shampoo!!!????' Verwonderd door haar paniek en geamuseerd door de vraag, antwoord ik dat ik inderdaad, heel gek, heel toevallig, shampoo in huis heb. Kriebelig bijt ze me toe: 'Heel grappig, ik bedoel shampoo voor, voor... Jeweetwel!'

Inmiddels denk ik te weten waar het om gaat, maar ik ben niet bereid haar te helpen, dus ik veins onbegrip. Uiterst vriendelijk vraag ik haar, wat ze precies bedoeld, wetende dat ze het nauwelijks uit haar strot zal kunnen krijgen. Ik grijns breed, veilig achter mijn telefoon en wacht af. Na wat gesputter en gevloek, komt het hoge woord, met een bibberende stem en een snik eruit: 'Ik ontdek net bij mijn dochter luizen!' De telefoon straalt één en al ontreddering uit. Half hyperventilerend, wacht ze mijn antwoord af.

Helaas kan ik haar niet helpen. Na een tien minuten geruststellend op haar ingepraat te hebben, leg ik op. Ik leg de telefoon weg en krab me eens achter het oor. Ook in mijn nek voel ik wat kriebelen. Ik realiseer me dat ze eergisteren langs zijn geweest. Dat hun jassen op onze kapstok hebben gehangen, dat hun kinderen onze verkleedkleren aan hebben gehad, dat ze gespeeld hebben in de bedden van mijn kinderen, dat ik vandaag nog in haar auto heb gezeten. Er borrelt lichtelijke ongerustheid op en vijf minuten later ben ik mijn kinderen aan het vlooien. De kinderen genieten van het gepluk aan het haar. Ik controleer het haar van mijn man en vraag hem dat van mij te controleren. Gelukkig niets te vinden.

Toch ben ik niet gerustgesteld en ook bij mij begint een lichte paniek op te komen. Ik trek de jassen van de kapstok, haal de bedden af, haal de verkleedkist leeg en donder alles in de wasmachine. Ik begin verwoed te stofzuigen en wanneer ik klaar ben controleer ik opnieuw de kinderen. Als chimpanseetjes zitten ze voor me op hun beurt te wachten. Deze onverwachte kroelbeurt is hartstikke welkom...

Wat eerder dan op schema zijn de bedden verschoond, de jassen gewassen en is het huis grondig gezogen. Mezelf ietwat schuldig voelend over mijn geplaag, bel ik mijn vriendin en informeer naar de toestand. Die is inmiddels wat gekalmeerd en ook haar huis is stralend schoon. Het heeft zo zijn voordelen.

De komende dagen kunnen mijn kinderen genieten van een terugkerend kroelmomentje en ook ik laat mij genietend vlooien door mijn mannetje! Het is een soort afwasmomentje, maar dan anders... Die apen zijn zo gek nog niet!

24. Schilderij

De Ikea-roos heeft zijn charme al lange tijd verloren. Lang geleden viel ik, in al mijn dromerige naïviteit, op het rood en de roos, de kleur en het symbool van de liefde. Dat de liefde uit zoveel meer kleuren bestaat, daar wilde ik nog steeds niet aan. Dat ontkende ik, ondanks diep vallen, in alle toonaarden.

Het schilderij was groot, ruim anderhalve meter breed en een meter hoog, dus de kale, witte muur was in één klap gevuld. Ook wel een prettige bijkomstigheid. In één keer klaar. Maar inmiddels ben ik hem behoorlijk beu.

Ik heb me het ongans gezocht naar iets dat ervoor in de plaats zou kunnen hangen. Maar alles vind ik óf gewoon oerlelijk, óf te duur, óf te cliché. Ja, ik weet het, de Ikea-roos is ook behoorlijk cliché, maar toentertijd hulde ik mezelf nog maar wat graag in de veilige, anonieme, kleurloze deken van de massa.

Wanneer ik de lijst van de muur afhaal om te kijken wat de schade aan de muur is en of de muur opnieuw gesausd moet worden, komen toevallig net de kinderen vragen of ze mogen schilderen. Ik kijk naar het schilderij, ik kijk naar de kinderen en begin breeduit te grijnzen. En óf dat mag!

Ik leg het schilderij op de grond, zet alle flessen waterverf die ik kan vinden ernaast. Ook de tubes glitterlijm die ik onderweg in de hobbykast tegenkom, zet ik er bij en wapper mijn sprakeloze kinderen aan het werk. 'Eerst moet de roos weg. Helemaal. Dus schilder ze!'

'Mag dat écht?' piepen ze onzeker en ze zetten twijfelend de eerste strepen op het canvas. Ieniemienie streepjes. Dat schiet niet op, het zijn jonge kinderen, die verliezen vaak al snel hun interesse, hun concentratieboog is beperkt, dus ik maak een gigantisch palet op het schilderij. Overal op het schilderij leg ik giga-drollen verf in alle kleuren neer.

De kinderen, gerustgesteld en aangemoedigd door mijn verspilling van de verf en het schilderij, storten zich als uitgehongerde jakhalzen aan het kliederen. Déze kans laten ze niet liggen. Na twintig minuten is er niets meer van de roos te zien. Hun woeste geklodder heeft alle kleuren door elkaar heen gemengd en onverwacht ontstaat er een achtergrond van allerlei kleuren groen.

Ik laat de kinderen de tubes glitterlijm leegspuiten over het schilderij en ze mengen dit door de dikke laag verf. Het resultaat is verbluffend: van welke kant je het schilderij ook benadert, door de glitters en de verschillende kleuren groen die in elkaar overlopen, ziet het schilderij er telkens weer anders uit. De lichtinval verandert het schilderij net zoals de zon het groen van de bomen, de planten, het mos en het water verandert.

Dan vragen de kinderen met glanzende, gretige ogen, of zij ook een keer met de flessen mogen spuiten op het schilderij. Ik vind het schilderij nog wat saai, dus vind het een fantastisch idee. Ik geef ze ieder een fles en laat ze rondjes om het schilderij heen lopen. Ze zwiepen met de flessen heen en weer en er ontstaat een grillig patroon van cirkels, lijnen en harde kleuren op de groenige achtergrond.

Even later kijken we met zijn allen, intens tevreden naar dit kunstwerk. Het is werkelijk waar prachtig! Het zou niet misstaan in een moderne kunstgalerie, het is uniek en grillig, het is door de kinderen gemaakt, wat natuurlijk cachet geeft, het brengt kleur en is nog steeds zo groot dat het de grote witte muur breekt. Bovendien hoeven we niet te sauzen. Weer een prettige bijkomstigheid. Wanneer het schilderij droog is hangen we het weer terug aan de muur. En daar hangt het nu al meer dan drie jaar en het verveelt ons geen moment. Iedereen die langskomt vindt het in élk geval een bijzonder schilderij (smaken verschillen tenslotte en gelukkig) en niemand heeft door dat de kinderen het gemaakt hebben. Dat te kunnen vertellen, vervult ons elke keer weer met trots.

We hebben dit artistieke proces met nog een schilderij herhaald en nu hebben we twee totaal verschillende, unieke werken aan de muur hangen. De schilderijen zijn zelfs ondertekend, met een naam die de kinderen zelf verzonnen hebben, door hun beider namen te husselen. Deze kunstwerkjes hebben ons niets gekost, behalve wat we al in huis hadden, maar zijn voor ons van onschatbare waarde. Het zijn de twee grootste schatten in onze inboedel, niet te verzekeren, zo waardevol.

Voor het geval dat een paar generaties verder deze schilderijen "ontdekt" worden ergens op een stoffige zolder, zal ik dit Piekje achter in de lijst steken. Het zou zonde zijn, wanneer er ontzettend veel tijd en energie gestopt zou worden in het onderzoeken, ontleden, verklaren en doorlichten van de schilderijen, zoals ze met zovele meesterwerken hebben gedaan. Het is allemaal niet zo ingewikkeld. Het is kinderlijk simpel. En misschien juist daardoor zo mooi.

25. De haas

Ik sta op een helling naar Sammie te kijken, die rondsnuffelt in het weiland. Vanaf die helling heb ik de haas al snel in mijn vizier. Die ligt plat in het gras haar moment af te wachten. Sammie heeft nog niets in de gaten en snuffelt er vrolijk op los. Ze nadert de haas met omwegen, drie stapjes naar voren, één stapje naar links, twee naar achteren, maar komt steeds dichter bij. Totdat de haas ineens zijn oren de lucht in spitst. Die kun je niet missen natuurlijk. Die joekels vallen op.

Sammie is direct één en al paraatheid, oren gespitst, lijf gespannen als een veer, staart recht naar achteren. Zo staan ze elkaar seconden lang de maat te nemen. Roerloos staan ze naar elkaar te kijken, vijfentwintig meter van elkaar af, beiden de oren gespitst, opperste concentratie. Het half-hoge gras ruist, een buizerd cirkelt rond, want die heeft vanaf zijn verheven positie al lang gezien wat er onder zich afspeelt en ik hoor het melodietje van "Once upon a time in the West" in mijn hoofd.

Even tussendoor, mochten er mensen zijn, die zich afvragen waarom ik niet ingrijp: Sammie vindt het prachtig achter iets aan te rennen, maar zodra de prooi stilstaat, kwispelt ze even, geeft een lik over de kop van het arme ding en vervolgt dan haar weg. Ik maak me dus geen zorgen over de haas. Dat het scenario deze keer een hele andere wending kreeg, dat wist ik natuurlijk niet.

Dus ik sta geamuseerd te kijken in afwachting van de show. Wanneer die show, die jacht, die race begint is dat een prachtig schouwspel. Sammie, onze pikzwarte labrador op teckelformaat en de haas zijn ongeveer even groot en ze doen aan wendbaarheid en snelheid niet veel voor elkaar onder. Het is ongelofelijk om te zien met wat een enorme snelheid ze zigzaggend door het weiland racen. Het is niet goed te zien, wie als eerste in beweging komt, want het lijkt bijna alsof dat gelijktijdig gebeurt. Terwijl ze op topsnelheid achter elkaar aan racen, lijkt het alsof ze de grond nauwelijks raken, wolken insecten stuiven de lucht in. Daardoor lijkt het alsof ze stofwolken doen opwaaien. Heel plots stopt de haas en gaat weer plat op de grond liggen. Sammie remt af, haar staart begint al te kwispelen en ze buigt haar kop naar de haas. Dan krijgt ze vol de twee achterpoten van de haas in haar gezicht. Ze buitelt een salto achterover en blijft daar bewegingloos liggen. De haas spurt ervandoor.

Ik sta eerst versteend te kijken, ontwaak en sprint dan op Sammie af. Ik vrees het ergste, de afstand om te overbruggen is enorm en er begint zich al een jammerkreet te vormen in mijn keel, als Sammie langzaam overeind komt. Ze staat versuft om zich heen te kijken, schudt een paar keer met haar kop en kijkt dan mijn richting op. Ietwat zwabberend begint ze naar me toe te lopen. Bij elke stap wordt ze zekerder en als we bij elkaar zijn, springt ze tegen me op en piept van blijdschap.

Ze heeft er verder, voor zover wij kunnen zien, geen schade aan ondervonden, maar de volgende keer roep ik haar toch echt wel bij me. Voor je het weet is Sammie het haasje...

26. Hond in de pot

Sammie had het er soms maar zwaar mee. Onze diva Noa en boerentrien Chanel hadden haar leventje, sinds hun komst, heel wat ingewikkelder gemaakt. Deze zusjes kwamen toen zij een jaar oud waren bij ons wonen. Hoewel het zusjes zijn verschillen ze als dag en nacht. Stel je Dikkie Dik voor maar dan getijgerd grijs en stel je een statige grijsblauwe Egyptische prinses voor, dan heb je een beeld. Regelmatig werd Sammie door de dames gecorrigeerd en gekoeioneerd op een weinig subtiele manier. Wanneer Sammie door het kattenluik naar buiten ging, positioneerde Noa zich strategisch voor het kattenluik en zodra Sammie haar neus weer door het luik stak, gaf Noa haar een ferme tik op de neus. Ik zweer het, ze grijnsde erbij. Zo heeft Sammie tijden buiten zitten te wachten tot ik de deur voor haar opendeed of Noa het spelletje zat was.

Wanneer Sammie luidkeels blaffend een ekster bij de vijver weg wilde jagen, terwijl Chanel net lekker in het zonnetje lag te slapen, beende ze op Sammie af en gaf Sammie zwaar geïrriteerd een tik op de kont. Ze blies nog een keertje in Sammie's beteuterde gezicht en wiebelde dan weer naar haar plekje in de zon.

Sammie at haar bakje voer altijd in de loop van de dag op, geen concurrentie, dus geen stress. Sinds de komst van de dames schrokte ze het voer achter elkaar op, of nam een bek voer en begroef het in de tuin (voor slechtere tijden), tot wanhoop van ons, aangezien sommige delen van de tuin veranderden in een waar slagveld van gaten en kuilen. Noa had een voorkeur voor het hondenvoer, of, meer waarschijnlijk, schepte ze er genoegen in om Sammie te pesten, dus als Sammie even niet oplettte zat ze te schranzen uit het bakje van Sammie. Sammie zat er dan bij en keek ernaar, de Droopy droop er dan vanaf. Af en toe nam Noa een pauze, likte haar pootjes en keek Sammie uitdagend aan. Wanneer Sammie dan ongelukkig een piepje uitte, draaide ze haar kop tergend langzaam weer naar het bakje en viste er kieskeurig het lekkerste brokje uit. Als Sammie pech had vond ze uiteindelijk de hond in de pot.

Na drie maanden was Sammie het zat en kwam tot de ontdekking dat de dames zich kapot schrokken als ze heel hard blaffend en hoog springend aan kwam rennen. Vanaf dat moment waren de rollen omgedraaid. Zodra de zusjes zich in huis begaven was Sammie één en al geblaf, gespring en gewiebel met dat gekke lange lijf van haar en zaten de dames buiten te wachten tot Sammie besloot een dutje te gaan doen.

Inmiddels heeft Sammie haar punt gemaakt en is er een soort van wapenstilstand. Er wordt zelfs geknuffeld en het pesten is verleden tijd. Alhoewel dat knuffelen altijd wat onhandig gaat. Zoiets als wanneer je iemand drie kussen op de wang wilt geven en je continue je hoofd de verkeerde kant opdraait. De zusjes willen kopjes geven en Sammie wil likken. De kopjes van de dames zijn ware kopstoten en de tong van Sammie zien de dames weer niet zitten, maar, zo goed en kwaad als het gaat, onze drie dames hebben vrede gesloten.

Wanneer ik Sammie ga uitlaten, schrijdt Noa en waggelt Chanel met ons mee. Wanneer de dames thuiskomen van hun strooptocht door de buurt worden ze enthousiast verwelkomd door Sammie, die vervolgens, weer een hersenschudding rijker, tevreden haar onwaarschijnlijke roedel begeleidt naar binnen.

27. De tandarts

Die arme man, hij kan er ook niks aan doen. Alleen ik vind hem eng. Terwijl we zitten te wachten: gezellig een familie-uitje, doe ik mijn uiterste best niet aan hem te denken. Griezel. Ik verlies me zogenaamd in een verschrikkelijk boeiend artikel in de Linda, maar lees geen letter. In mijn hoofd duim ik dat hij ziek is. (Niets ernstigs, dat hoeft niet, als hij er maar gewoon niet is.) Helaas, lyrisch vrolijk komt zijn sidekick ons ophalen. Mij hart fladdert een looping, maar, vooral niets laten merken aan de kinderen, dus krampachtig glimlachend sta ik op uit de stoel en verzamel al het speelgoed dat inmiddels al over vijftig vierkante meter verspreid is. Ik geef toe, dat ik daar wat langer over doe dan nodig is.

Op de vraag wie eerst, schuif ik mijn eega naar voren: 'Jij maar eerst, want moest jij niet zo ergens anders zijn?' Niet-begrijpend kijkt hij mij aan, trekt zijn wenkbrauw op, vervolgens een sardonisch glimlachje en dan uiteindelijk, gaat hij zitten. Hij wisselt een blik van verstandhouding met die engerd. Smeerlappen.

Binnen drie minuten is het gepiept. Wie nu? Mijn dochter wil wel. 'Papa, blijf jij maar liggen, want jij hebt zo'n zachte buik!' Gelach alom, ik grimas mee, terwijl ik paniekerig op zoek ben naar een manier om op te lossen, te verdwijnen. Mijn zoon wil godzijdank, na enig aandringen, ook wel bij papa liggen.

Mijn beurt. Mijn man verdwijnt naar het andere kamertje voor nog wat nawerk en de kinderen kijken gefascineerd naar de stoel die beweegt en draait en omhoog komt. Ik zie aan mijn zoontje's gezicht dat hij die knopjes ook wel wil uitproberen en ik knik hem enthousiast toe. Als die stoel maar kapot gaat, in storing raakt, of de knie van die man verpletterd. Zoiets. Helaas, mijn dochter gooit roet in het eten en betrekt hem bij het Playmobil wat er strategisch ligt. Ze hebben ook overal aan gedacht.

Met klotsende oksels, een hartslag van honderdtachtig en in het beginstadium van hyperventilatie, laat ik hem braaf het achterste van mijn tong zien. Hij tikt en duwt en schraapt. Dan draait hij zich om naar de computer. Geen goed teken. Enthousiast roept hij: 'Een kleintje maar mevrouw! Doen we direct. Zo gepiept!' Paniekerig kijk ik naar de kinderen. Grootmoedig zegt hij dat we wel even kunnen wachten tot mijn man klaar is, dan kan hij de kinderen meenemen. Zo is hij dan weer wel.

Er valt een stilte. Ik zoek als een gek naar iets om te zeggen en gooi het eerste eruit wat er in mijn hoofd opkomt. 'Een kennis van mij liet op haar vijfendertigste alles in één keer verwijderen! Doet u dat ook?' Hij kijkt mij aan, laat me even een paar seconden zweten en zegt dan: 'Nee, daarvoor moet u bij de slager zijn. Zal ik alvast even een prikje doen?'

Alle hoop verloren, zak ik weer in de stoel en zeg gelaten: 'U doet maar wat u niet laten kunt!' Dat vinden hij en zijn kwieke sidekick schijnbaar bijzonder grappig en al hinnikend pakt hij de spuit en ik het waterzuig-geval. Ondertussen zijn de kinderen meegenomen en ben ik aan mijn lot overgelaten. Terwijl hij een tunnel aan het boren is, klein gaatje mehoela, humt hij een liedje. Vol afgrijzen realiseer ik me wat het is: 'En we gaan nog niet naar huis, nog lange niet, nog lange niet!'

28. Wiebeltanden

Knettergek word ik van die dingen. En misselijk. Al een aantal weken wiebelen die etters me tegemoet en veroorzaken een weeïg, kriebelig gevoel in mijn maag. Twee van die losgeslagen voortanden, precies naast elkaar, in de mond van mijn zoontje. Vrolijk duwt mijn zoon ze van voor naar achter. Meestal tegelijk en als variatie soms de ene naar achteren en de ander naar voren. Een kokhalsgolf bij mij veroorzakend, ontdekte hij tot zijn grote vreugde. Te pas en te onpas plaatst hij nu zijn gezicht in mijn blikveld en rammelt dan verwoed aan zijn tanden. Hij heeft mijn zwakke plek ontdekt. Mama is een tandenbangebroek.

Als ik bij de kassa sta en tig vragen moet beantwoorden over koopzegels, pakketzegels, servieszegels, voetbalplaatjes en een kassabonnenactie, trekt 'íe aan mijn jas, grijnst naar me en duwt zijn voortand recht naar voren. Ik trek wit weg, raak totaal van slag, geef in het wilde weg antwoord en zit vervolgens met mijn handen vol met zegels en spaarboekjes. Beetje lullig om alles weer terug te geven, dus ik prop alles in mijn tas, om het thuis direct de oud-papier container in te flikkeren. Ik ben niet zo van de spaar, bovendien ben ik niet trouw genoeg aan dezelfde winkel om überhaupt een boekje vol te kunnen krijgen.

Of wanneer ik thuis aan het bellen ben, dan gaat hij bij mij op schoot zitten, met zijn gezicht op een twintig centimeter afstand van de mijne en dan gaat hij met zijn tong die tanden naar buiten en naar binnen duwen. Ik raak totaal de draad kwijt, moet grote moeite doen om mijn maaginhoud in mijn maag te houden en moet overhaast het gesprek afkappen. Ik bel ze wel terug na kinderbedtijd.

Maar hij is ze zelf ook wel zat. Het kriebelt, het jeukt, het doet zeer en het is lastig om mee te eten. Dus hij loopt constant aan die tanden te trekken, te duwen en te draaien. Bloed loopt dan soms langs zijn mondhoeken. Ook zijn kussensloop vind ik in de ochtend roodbevlekt in bed, omdat hij voor het slapen gaan nog even een rondje wiebelt. Met de grootst mogelijke moeite krijg ik die gedurende de nacht ingedroogde bloedvlekken er weer uit en al schrobbend vervloek ik die rotdingen nog eens een keer.

Onlangs bleef de eerste tand steken in een appel. De tweede blijft nog even rondhangen, letterlijk, want hij bengelt aan een heel klein stukje tandvlees. Mijn handen jeuken om dat ding eraf te trekken, maar het idee om welbewust het vlees van mijn zoontje kapot te scheuren, houdt me, heel gek, tegen.

Speciaal voor de tanden heb ik heel handige bakjes. Het zijn een soort mini-sorteerbakjes, met twaalf genummerde bakjes, die allemaal afzonderlijk te openen zijn. Ideaal. Toch zijn de twee eerder gewisselde tandjes inmiddels al verdwenen. Die dekseltjes vragen er gewoon om, om door mijn enthousiaste zoontje ontelbare keren geopend en weer gesloten te worden. Met alle gevolgen van dien. Tig keer heb ik met mijn neus op de vloeren van ons huis gelegen, op zoek naar de verdwenen tandjes. Drama ten top: hysterisch kind, bloedsjachereinige mama. Ook de stofzuigerzak werd dan geleegd op een vuilniszak en stukje voor stukje doorgenomen. Tot twee keer toe heb ik daar zowaar de tandjes in terug gevonden. Maar nu zijn ze dan echt weg. Nieuwe tanden, nieuwe kansen. Vakje nummer drie is nu gevuld, nu nummer vier nog. Ik kijk naar mijn zoontje die met open mond naar het Sinterklaasjournaal aan het kijken is en onderdruk de neiging om "per ongeluk" een gerichte elleboogstoot uit te delen. De tand bungelt aan het elastische en schijnbaar onbreekbare tandvlees en draait speciaal voor mij, om me te jennen, nog eens een rondje. Ik troost me met de gedachte dat dit voor mij de laatste ronde tanden wisselen is. Nog even en mijn beide kinderen hebben Grote Mensen Tanden. Meestal wordt ik weemoedig van dit soort fases die voorbijgaan bij mijn kinderen, maar in dit geval hang ik de vlag uit.

29. Supermarktflirt

Ik ben bezig met mijn tweewekelijkse survival- en hindernisbaan door de supermarkt, wanneer een enthousiaste stem mij wakker schudt uit mijn geconcentreerde mensen-kinderen-en-winkelwagentjes-ontwijk-manoeuvres. 'Hoi!!!!' Galmt het door het pad. De stem komt mij niet bekend voor dus ik reageer niet, want ik ben op zoek naar de appelsap, die om de een of andere duistere reden een andere plek in de winkel heeft gekregen. Het schijnt dat winkels dat met opzet doen, vooral als het gaat om de goedkopere B- of C-artikelen, om mensen te verleiden de duurdere merkartikelen mee te nemen. Bijzonder frustrerend vind ik. Boodschappen doen is al mijn hobby niet, dus ik probeer de tijd die ik daarmee bezig ben, altijd tot een minimum te beperken. Het wijzigen van de winkelindeling werkt daar niet echt aan mee.

Tien seconden later wordt mijn karretje geblokkeerd door een tegemoetkomend exemplaar. Verstoord kijk ik op, in het lachende gezicht van een voor mij totaal onbekende man. Nogmaals klinkt zijn vrolijke groet. Ik knik vriendelijk en stuur mijn karretje langs die van hem. Hij knikt mij toe en knipoogt suggestief op een manier, waardoor ik het gevoel krijg dat wij een gezamenlijke geschiedenis hebben, misschien zelfs wel geheimen. Vertwijfeld graaf ik door alle hoekjes van mijn geheugen, maar het kwartje valt niet, totaal niet. Ik kom de man nog een aantal keren tegen, waarbij hij elke keer opnieuw vriendelijk knikt en zijn lachrimpeltjes krullen dan om zijn ogen van plezier. Ik raak er behoorlijk van in de war.

Bij de kassa leeg ik mijn overvolle karretje op de band. Dit is elke keer weer een spannend en stressvol moment. Past het allemaal op de band? Gelukkig zijn er voldoende kassa's open en is er keus genoeg voor de mensen die willen aansluiten. De onbekende man besluit echter achter mij aan te sluiten, ondanks het feit dat hij waarschijnlijk eerder geholpen zal zijn aan de andere kassa. Dit verhoogt alleen maar mijn nervositeit. Hij heeft niet veel boodschappen, dus ik geef aan dat hij wel voor mij mag. Hij lacht echter en zegt 'Ik heb alle tijd hoor! Doe maar rustig aan!' Ik verbijt mijn ergernis en worstel me door de inhoud van mijn karretje heen. Dan als de sodemieter naar de andere kant van de kassa en alles weer zo snel mogelijk inladen. Inwendig kreun ik bij de gedachte dat ik straks alles weer in de auto kan laden en dan vervolgens weer uit de auto en in de kasten. Het blijft een stomme bezigheid.

Ik reken af en loop naar de auto. Terwijl ik alles in de kratjes aan het proppen ben, stopt er een auto naast me. Een dikke, glimmende, peperdure Volvo blokkeert de weg voor de andere weggebruikers. Het raampje zoeft omlaag en de man grijnst naar me. Hij opent zijn mond en zegt 'Komt u hier vaker?' Plotseling begint het me te dagen: Dit is het type supermarkt-flirt! Er is niks mis met mijn geheugen. Ik ken de man echt niet! Ik weet nog net een schamper lachje in te houden (Kan hij nou echt niet iets beters als opening verzinnen!!) en geef beleefd doch ontwijkend antwoord.

Hij bazelt nog wat over de verschillen tussen de verschillende supermarkten en lijkt zich totaal niet bewust te zijn van de opstopping die inmiddels op de parkeerplaats, door zijn toedoen is ont-

staan. Ik daarentegen voel me enorm ongemakkelijk, begin te kleuren en te stotteren en ontwijk de
geërgerde blikken van de wachtende bestuurders.
Hij ziet dat waarschijnlijk als een aanmoediging en begint te vertellen over dat hij pas hier is
komen wonen en dat hij nog een beetje zoekende
is naar de beste winkels. Hij tettert maar door en
hoewel ik meestal erg beleefd ben, is mijn grens
bereikt. Een beetje bruusk mompel ik 'Succes ermee!' Ik draai me om naar mijn kofferbak en ga
verder met mijn boodschappen.
Na enkele seconden trekt hij langzaam op en
rijdt de parkeerplaats af. Wanneer ik later de parkeerplaats afrijd, kijk ik alle kanten op of ik de
Volvo ergens zie staan. Ook onderweg blijf ik in
mijn achteruitkijkspiegel kijken. Gelukkig geen
Volvo in zicht.
Als ik later, een beetje bijgekomen van de
schrik, nip aan mijn koffie, kan ik het toch niet
helpen dat ik me stiekem gevleid voel. Ik ga alleen wel de eerstvolgende paar keer toch maar
boodschappen doen in een andere winkel... Gewoon, voor de zekerheid...

30. Scan-stress

Tot nog toe heb ik deze nieuwigheid in de supermarkt genegeerd. Comfortabel automatisme en onzekerheid over hoe deze nieuwe manier van afrekenen werkt, zorgden ervoor dat ik de wand met scanners stug voorbij loop. Echter, vanwege een buikoperatie en de waarschuwing goed op te passen met tillen, besluit ik eens bij deze magische wand stil te staan. Het scheelt ten slotte een volle winkelwagen uitpakken op de lopende band en vervolgens weer inpakken in de winkelwagen.

In die wand zitten allemaal scanners vast. Het is de bedoeling dat wij, als klanten, zelf onze boodschappen scannen en bij de kassa alleen maar de scanner hoeven te overhandigen en te betalen. Ik bestudeer de scanners en probeer er eentje te pakken om hem eens van dichterbij te bekijken. De scanner zit vast. Ik trek wat harder, wiebel er een beetje aan, maar het ding lijkt wel vastgelijmd. Onzeker werp ik een blik om me heen: ziet iemand mijn onhandige gefrunnik aan die dingen? Ik kan natuurlijk nog wat harder gaan trekken, maar straks maak ik dat ding, of erger nog, die hele wand kapot. Die technologie kost vast een fortuin. Het zweet staat me nu al in de handen.

Een nieuwe klant komt binnen en loopt ook naar de wand. Ik doe alsof ik druk ben met mijn telefoon en kijk ondertussen stiekem de kunst af. Blijkt dat er eerst een scanner 'vrijgemaakt' moet worden met een druk op een knop, ergens in het midden van de wand. Wanneer je dat gedaan hebt, gaat er bij één van die scanners op de wand een lichtje branden, zodat je weet welke scanner je moet hebben. Het staat er ook met koeienletters op, zie ik nu.

Na nog wat zinloos geveeg over mijn telefoon, het moet ten slotte wel een beetje overtuigend overkomen, druk ik even later als een ervaren scanner op de knop en pak de mij toegewezen scanner. Enthousiast scan ik mijn producten en kom er helemaal uit mezelf achter dat je vijf dezelfde producten niet vijf keer hoeft te scannen, maar op een plusje kunt drukken op de scanner. En dat er voor producten zoals een bloemkool of een heel kratje bier, een kaartje met een scancode bij hangt, staat of ligt. Ook zie je precies wat elk product kost en hoeveel je in totaal moet betalen bij de kassa. Heel handig allemaal. Er is overal aan gedacht.

Totdat ik me ineens afvraag of ik de koffiefilters wel gescand heb. Ik bekijk de informatie op de scanner en zie ze niet staan. Ik rommel door mijn winkelwagentje totdat ik de koffiefilters heb gevonden (natuurlijk helemaal onderin) en scan ze alsnog. Pfoei, had ik toch bijna gestolen!

Een nachtmerrie voor iemand als ik, die al schuldig gaat kijken als er naar me gewezen wordt, of met samengeknepen bips de beveiligingspoortjes door loop, wanneer ik besloten heb niets te kopen in een winkel, of bij de douane op het vliegveld met klotsende oksels in de rij sta, of wanneer op de snelweg een politieauto achter me gaat rijden. Op de één of andere manier heb ik altijd het gevoel dat "men" denkt dat ik wat op me kerfstok heb. Er zal vast wel één of andere psychologische theorie over zijn, maar goed, soms is dat knap lastig.

Dus voor de zekerheid ga ik mijn hele winkelwagentje weer bij langs om te checken of ik alles wel gehad heb. Opgelucht constateer ik tien minuten later dat dit het geval is.

Wanneer ik bij de kassa mijn scanner inlever, bulk ik van het zelfvertrouwen, ik weet zeker dat alles gescand is, dus wanneer er een steekproef gedaan moet worden, raak ik niet in paniek en blijf geduldig wachten tot er twaalf artikelen gescand zijn. Het laatste artikel dat gescand moet worden is het kratje bier. De caissière kijkt op de scanner, kijkt nog eens, mompelt iets van 'Nee, dat klopt niet,' rommelt wat in lijsten die naast de kassa liggen en roept er dan iemand bij.

Ik sputter dat ik honderd procent zeker weet dat ik het gescand heb, maar de caissière stelt me gerust en zegt dat ze de verkeerde, verouderde code voor het kratje heeft gescand. Haar fout. Maar dat betekent wel dat nu alles alsnog op de band moet.

Ik word begeleid naar een kassa die speciaal voor mij geopend wordt en samen leggen we de propvolle winkelwagen alsnog op de lopende band en vervolgens weer in de winkelwagen. Ik ben me heel erg bewust van de starende blikken van de mensen die bij de andere kassa's in de rij staan en moet de neiging onderdrukken om luidkeels te roepen dat het niet mijn fout is, dat ik keurig alles gescand heb, dat het een fout van de caissière is. Ik voel me uiterst ongemakkelijk.

Met een hoogrode kleur en klamme handjes verlaat ik uiteindelijk de winkel, met een doosje bonbons van de zaak, voor het ongemak. Ik heb er minstens drie kwartier langer over gedaan dan normaal en ik zweer bij mezelf dat ik die magische wand de volgende keer weer stug voorbij loop. Veel te stressvol.

31. Gemier

Myrmecofobie: fobie of angst voor mieren.

'Een fobie is een psychische aandoening waarbij iemand, om doorgaans onduidelijke redenen, een ziekelijke angst ontwikkelt voor specifieke zaken of situaties. Deze angst staat niet in verhouding tot de reële bedreiging die van de situatie of het object uitgaat en de lijder is zich hiervan goed bewust.'

Mijn zwakke plek is dus mieren. Hoe ziekelijk dat bij mij kan zijn illustreert het volgende verhaal: We zijn op vakantie in Frankrijk en we zijn daar aan het wandelen in de bergen. Op een heel groot rotsplateau met een adembenemend uitzicht besluiten we te gaan picknicken. We gaan allemaal zitten en genieten van een welverdiende boterham na een inspannende klimtocht. Mijn moeder schuift een stukje opzij en zegt gedachteloos: 'O, mieren' en veegt ze weg met haar hand.

Wat er vervolgens gebeurt, is mij verteld. Ik weet er zelf niet veel meer van. In blinde paniek heb ik het op een lopen gezet. Richting einde rotsplateau, richting de afgrond. Mijn vader zette de achtervolging in en heeft een paar meter voor het einde van het rotsplateau in een soort wanhoopsdaad in een duikvlucht mijn enkels te pakken gekregen, waarna ik op de rotsen smakte. Daarmee redde hij mijn leven.

Ook jaren later, toen ik samen met een vriendin een trektocht maakte door de Écrins in Frankrijk, heb ik onze medewandelaars dagenlang laten gissen naar mijn rare sprongen tijdens de tocht.

117

Toen één van mijn medewandelaars uiteindelijk aan mij vroeg, waarom ik tijdens het klimmen af en toe zulke grote sprongen maakte, daar werd het immers alleen maar nog zwaarder van, legde ik uit dat op die kleine geitenpaadjes die we volgden soms van die slingers mieren liepen die dat geitenpaadje overstaken. Daar sprong ik dus overheen.

Kamperen in een tentje, DE manier van vakantie houden van mijn ouders, was voor mij een crime. Die kleine ettertjes wisten altijd een manier te vinden om binnen te komen. Vervolgens konden ze als we sliepen zo je oren, je mond, je neus, of nog veel ergere plekken in lopen. Bovendien: Als je één mier doodslaat komen er tien op de begrafenis. Een mier is nooit alleen. Dus wanneer ik een mier in mijn tent zag, dan wist ik gewoon dat er honderden, duizenden, misschien wel tienduizenden vlak in de buurt waren. Probeer dan nog maar eens te slapen.

Kwamen we ergens een mierenhoop tegen dan konden we kilometers omlopen, tot grote frustratie van mijn ouders en mijn broer en zusjes, want je kreeg mij met geen stok in de buurt van dat ding. Als zo'n hoop dan ook gespot werd door één van hen, werd dit ook angstvallig door iedereen stil gehouden en ik werd op allerlei mogelijke manier afgeleid, in de hoop dat ik die mierenfabriek niet zag.

Je snapt natuurlijk wel dat dit bij ons thuis dé manier was om mij op de kast te krijgen. Zo heb ik ooit eens een reuzen-mierenknuffel gekregen van mijn jongste zusje, meer dan een meter groot. Ook het tweepersoons dekbedovertrek dat ik kreeg toen ik ging samenwonen, helemaal wit, bezaaid met zwarte mieren, was een groot succes.

Ze zullen wel gedacht hebben: de ideale geboorte-beperking. Hoewel ik het geniaal vind, (waar hebben ze in vredesnaam dat ding weten te vinden!!!) wordt hij alleen in uiterste nood gebruikt. Brrr... Laatst had ik trouwens een overwinninkje. We waren aan het wandelen met onze eigen kinderen, toen we ook zo'n mierenhoop van de rode bosmier tegenkwamen. (Als je nagaat dat zo'n hoop een miljoen mieren kan bevatten, snap je wel een beetje, dat alles bij mij dan zo ongeveer op tilt slaat.) Er stond ook een informatiebord bij waarop allerlei alleraardigste weetjes over deze 'nuttige' dieren stonden.

Als een gek dansend van de ene voet op de andere voet, (ik ben als de dood dat ze via mijn schoen en mijn broek weet-ik-veel-waar terecht kunnen komen) heb ik mezelf geweld aan gedaan om het niet op een lopen te zetten en geduldig gewacht totdat de kinderen waren uitgekeken. Ik was uitzinnig trots op mezelf. Dat ik vervolgens een half uur nodig heb om mijn hartslag en bloeddruk weer op peil te krijgen, daar hebben we het niet over...

32. Beestjes

Mijn zoon is van de beestjes. Wormen, kevers, lieveheersbeestjes, spinnen, duizendpoten, slakken, naaktslakken, rupsen, libellelarven, kikkers, padden, gewoon alles wat kriebelt en wiebelt, vliegt, zoemt, glibbert en slijmt vindt hij fascinerend. Ik probeer daar echt het positieve van in te zien. Het ontdekken van de wereld, kinderlijke nieuwsgierigheid naar de wereld om hem heen enzo, maar soms heb ik er wat moeite mee.

Bijvoorbeeld wanneer ik in de tuin aan het werk ben om handmatig een slakkenplaag te bestrijden en mijn zoontje enthousiast met me mee gaat zoeken naar de slakken. Hij is lekker buiten, op een positieve manier bezig met zijn "hobby" en het scheelt mij heel wat gezoek. Bovendien is het gewoon gezellig.

Echter, als ik later midden in de woonkamer de emmer ontdek, inmiddels leeg, want de slakken en naaktslakken hebben zich natuurlijk zo snel als ze konden uit de glibber gemaakt, ben ik wat minder gecharmeerd. Het scheelt dat ik vanuit de emmer in een stralenkrans de slijmsporen kan volgen, dus ze zijn makkelijk te lokaliseren, maar echt blij word ik daar niet van.

De poezen ook niet, want als ze door zo'n slijmspoor wandelen om te kijken wat ik daar toch achter en onder de banken en kasten aan het doen ben, schudden ze heftig met hun pootjes en gaan geërgerd in de vensterbank hun pootjes likken. De naar binnen gesmokkelde spinnen en torren vinden ze echter leuk speelgoed. Ze meppen de arme beestjes de kamer door met hun poten, racen er achteraan en gooien ze de lucht in, tot ze er flauw van zijn en de lijkjes voor mij achterlaten.

Wanneer ik de kleren van mijn zoontje wil gaan wassen, moet ik eerst de zakken leeghalen, want die zitten vol met die arme, soms dode, soms stuiptrekkende en soms nog springlevende beestjes. En dan kan ik ze er dus uit gaan plukken. Heel voorzichtig trek ik dan met twee vingers de zakken eruit, me schrap houdend voor wat er nu weer allemaal uit komt friemelen en vallen.

Ook wanneer we aan het wandelen zijn geweest in het bos en we onderweg een pad of een kikker zijn tegengekomen, moet ik hem voor we de auto weer ingaan zorgvuldig fouilleren, want geheid dat die pad meegesmokkeld is. Onder het mom van het vergeten van zijn stok, of wanneer wij zijn afgeleid door de hond, een specht, een eekhoorn of een mooie paddenstoel, rent hij terug naar de vindplaats en propt het arme dier in zijn zakken.

We hebben het hele huis voorzien van horren, maar als zoonlief continue broekzakken, bekertjes, emmertjes en Loom-sorteerkoffertjes vol met ongedierte mee het huis in smokkelt, dan heeft dat weinig zin natuurlijk.

Uiteraard hebben we hier hele gesprekken over gevoerd. Ik probeer op zijn gevoel te spelen, door te zeggen dat de beestjes hier in huis doodgaan van de honger, of dat ze geplet worden in zijn zakken of dat ze verdrinken in de wasmachine, maar het mag niet baten. Dan geeft hij ze water en blaadjes en takjes en modder. Probleem opgelost in zijn ogen. Probleem nog groter in mijn ogen, want nu heb ik niet alleen met die beestjes te maken, maar ook met het geklieder van zijn goedbedoelde verzorging.

122

Hij weet, voelt, dat ik zijn gepiel met die beestjes stiekem ook wel schattig vind. Dat dit appelleert aan mijn vrije-en-blije-natuur-kind-gevoel, dat dit mij meevoert naar mijn eigen jeugd. En hij maakt daar dan ook schaamteloos gebruik van. En wanneer ik de boze-mama-heeft-haar-grens-bereikt-kaart uitspeel, stuit ik alleen maar op onbegrip en groot verdriet. Ook dát is manipulatie, die grote krokodillentranen wanneer ik zijn nieuwe vriendjes de tuin weer in mik, dat ben ik me heel goed bewust. Maar zijn strategie werkt. Ik vind het gewoon vertederend. Hij kan uren in de vijver turen op zoek naar nog nooit eerder ontdekte beestjes. Ik kan hem uittekenen op zijn knietjes, kont in de lucht, hoofd op vijf centimeter afstand van het wateroppervlak, zoekend naar alles wat friemelt, beweegt. Wanneer hij weer wat gevangen heeft en hij enthousiast, met stralende ogen en blozende wangen zijn ontdekking komt tonen, tetterend van enthousiasme, dan kán ik gewoon alleen maar vol ontzag luisteren en kijken.

De kikkerdril en later de kikkervisjes die ik elk jaar ergens vandaan tover, worden elke dag bewonderd, geaaid en overvoerd met visvoer. Tegen de tijd dat het kikkers zijn geworden zijn ze zo tam als wat. Ze lopen nog net niet aan de lijn.

De enige beestjes, die hij niet met zich meeneemt het huis in, zijn de mieren. Want daar trek ik dan toch écht de grens. En dáár is híj zich dan weer heel erg van bewust. De lieverd.

33. Kikkerdril

Mijn vriendin en ik zijn aan het wandelen met onze honden. Haar hond is een mannetje en die van mij een vrouwtje dus het spreekt voor zich dat die van mij het voortouw neemt en die van haar, als een dolle verliefde, die van mij achterna sprint. Elk plekje waar zij snuffelt of plast, wordt door hem ook bezocht, besnuffeld en beplast. Zij doet stoïcijns of hij niet bestaat, maar vindt stiekem het gezelschap heel prettig. Die van mij is klein, snel en wendbaar, ondanks dat ze al tien jaar oud is. Die van haar is groot, log, ongeveer dezelfde leeftijd en op een bepaalde manier koddig charmant. Dus een geweldige combinatie. Ze racen door de weilanden en mijn hond heeft haar typische lach op haar gezicht. Als ze het naar haar zin heeft en enthousiast is, gaat haar bek in een bepaalde stand staan, waardoor het lijkt alsof ze de Joker nadoet. En daar geniet ik weer zo van dat ik net zo'n grijns op mijn smoel heb.

Het is prachtig lenteweer, niet te koud, niet te warm, we bespreken van alles en nog wat en helemaal niets, dus we genieten met volle teugen. Wanneer we bijna weer terug bij de auto zijn vertelt mijn vriendin dat er ergens achter het kreupelhout een klein vennetje ligt, waar ze ooit eens heen is gegaan. Waarom weet ze niet meer. Ik kijk haar geamuseerd aan en vraag nog eens wat ze daar dan deed. Ze heeft geen idee, zegt ze. Dat maakt mij zó nieuwsgierig, dat we met onze honden het kreupelhout in duiken. Aan de andere kant van het bosje ligt een weiland en ja hoor, ook een soort van vennetje. We lopen er naar toe en er omheen en dan zie ik tot mijn grote vreugde kikkerdril liggen.

Het is sinds de oudste van mij een jaar of drie is, traditie geworden dat ik elk jaar op zoek ga naar kikkerdril. Afgezien van dit jaar is dat nog elk jaar gelukt. We zien echter dat dit kikkerdril al bijna allemaal is uitgekomen. De meeste kikkerdril ligt er maar wat verlaten bij. We lopen helemaal om het vennetje heen, maar dit is het enige wat er ligt. Besluiteloos blijf ik staan. Eigenlijk wil ik dit meenemen, maar hoe? Ik heb natuurlijk niets bij me waarmee het vervoerd kan worden.

Uiteindelijk is mijn vriendin dit zinloze gestaar naar dat kikkerdril in het water zat en oppert met een gelaten zucht dat er nog wel een klein plastic boodschappentasje ligt in haar auto en overhandigt me de sleutels. Ik zie haar denken: als jij zo nodig kikkerdril wil, dan mag je zelf heen en weer rennen naar de auto.

Zo gedacht, zo gedaan. Ik ren heen en weer naar de auto, haar achterlatend, moederziel alleen in dat grote weiland aan dat vennetje, afgezien van de twee honden dan. Als ik terugloop naar het vennetje en haar zo van een afstandje zie staan aan de rand van dat vennetje, in dat licht, is dat een prachtige foto. Alleen een fototoestel heb ik nu natuurlijk ook niet bij me.

Terwijl ik probeer het kikkerdril met mijn handen in het tasje te prutsen, staat zij geamuseerd en staan de honden gek van nieuwsgierigheid naar me te kijken. Het wil niet echt lukken. De opening van het tasje sluit zich automatisch wanneer ik het loslaat, maar met één hand proberen het kikkerdril te pakken te krijgen, lukt ook niet echt. Veel te glibberig.

Ik kijk mijn vriendin aan en knik naar de tas.

Als ze uiteindelijk de hint wíl snappen, probeert zij tegelijkertijd de honden in bedwang te houden aan de riem en ook de opening van de tas open te houden. En zowaar, samen stuntelen we wat kikkerdril de tas in. Al is het maar bar weinig. Bovendien zie ik dat de kikkerdril toch verlatener was dan ik dacht. Als ik het kikkerdril uit het water til, glippen alle kikkervisjes weer het water in. Teleurgesteld kijk ik in de tas en tel wel vier, nee vijf gevulde kikkerdrilletjes. Vertwijfeld kijk ik nog eens goed in het water. Ligt er echt niets meer? Dan zie ik ineens een grote dril liggen. Maar wel anderhalve meter ver het water in. Nu moet je weten dat ik graag zwem in natuurwater. Op één klein dingetje na. Die bodem. Waar je diep in wegzakt. Die slijmerig is. Waar bloedzuigers en libellelarven en geelgerande waterroofkevers en dat soort enge beestjes in zitten. De kunst om in veertig centimeter diep water de bodem niet te raken, wanneer ik toch ga zwemmen en te water ga of de kant weer opga, heb ik dan ook volledig onder de knie. Dus het duurt even een paar tellen tot ik de beslissing genomen heb. Maar mijn kinderen vragen al weken of ik al kikkerdril heb gevonden, dus je moet wat.

Ik trek mijn schoenen en sokken uit, stroop mijn broekspijpen op, haal diep adem en stap het water in. Alle gedachtes aan die glibberige, vieze, enge beesten uit mijn hoofd bannend. Dat is wat moeilijk, als je ook nog eens op dat slijmerige, verlaten kikkerdril stapt.

Met kippenvel van top tot teen worstel ik me het water in, het is gelukkig niet diep, tot ik bij de klont kikkerdril ben. Daar open ik de tas en schep in één keer de hele dril de tas in. Dan vlieg ik weer het water uit en ren een paar rondjes door het weiland heen, mijn voeten afvegend aan het gras van het weiland, ondertussen hartgrondige kreetjes Ieuw, Ieuuwww en IEWWWWW roepend. Mijn vriendin staat erbij en kijkt ernaar. Ik moet eerlijk zeggen dat ik geen idee heb wat ze hier nou van vindt. Ik kan zien dat er een half lachje op haar gezicht staat, maar verder zijn haar gedachtes gesluierd. Dat heeft ze soms. Dan is ze niet te lezen. Met de tas verlaten we het weiland en lopen we het kreupelhout weer in. Wanneer we weer op het pad komen, scheurt ineens de onderste hoek van de tas. Het water stroomt over het pad, inclusief een paar kikkervisjes. Vliegensvlug knijp ik de hoek met twee vingers dicht en kijk vertwijfeld naar de paar kikkervisjes die spartelen op het asfalt. Kan ik ze nog redden? De kans is groot dat ik ze dodelijk verwond, wanneer ik ze probeer te pakken. Ik voel me een moordenaar als we verder lopen naar de auto.

Daar is het een heel geworstel om mij in de gordels te krijgen. Dat lukt niet, zonder dat ik de gescheurde hoek van de tas loslaat. Dus mijn vriendin, die aan de bestuurderskant zit te wachten buigt zich over mijn schoot heen en neemt het van me over. Terwijl ik mijn gordel vastklik zie ik een jogger aanlopen, die met een hevig verontruste blik probeert niet te kijken naar dat stel meiden dat ze-wil-niet-weten-wat in die auto doen.

Mijn vriendin is een pittige autorijdster, mijn kin zit op vijf centimeter van het dashboard, doordat ik de punt van die tas moet vasthouden, dus ik ben als de dood dat bij de eerste de beste bocht of rem, mijn tanden in het dashboard staan. Bovendien ben ik zo wagenziek als de pest en deze houding helpt daar niet bij. Wanneer ik roep dat ik toch een beetje misselijk wordt, zoeft ze snel de ramen open en dat helpt gelukkig. Eenmaal thuis gieten we het kikkerdril in het aquarium. Stilletjes kijken we naar dit wonder van transformatie-to-be.

Het is tijd om de kinderen te halen van school, dus terwijl mijn vriendin alvast gaat, met een bakje dril voor haar dochter, trek ik schone sokken aan en check mijn voeten nog eens op bloedzuigers. Opgelucht constateer ik dat mijn voeten schoon zijn. Tevreden fiets ik naar school. Missie geslaagd. Wat een heerlijke ochtend.

34. Reanimatie

Druk babbelend worstel ik me door het vliegengordijn heen met de koffie, de koekjes en de telefoon tegen mijn schouder aan geklemd. Dit gaat natuurlijk hopeloos mis. Ik raak verstrikt in de draden, de telefoon glijdt van mijn schouder en in mijn poging de telefoon te vangen, laat ik het koffiekopje en de koekjes los. Ik slaag erin de telefoon te vangen, maar het kopje valt in scherven op de grond.

Terwijl ik de scherven omhoog zie stuiteren en de koffie alle kanten op zie spatten, zie ik daarachter iets wat me vervult met afschuw. Ik slaak zo'n irritant meisjesgilletje en plaats in dezelfde trant mijn handen voor mijn gezicht. Ik haat het wanneer ik dat doe. Mislukte Barbie-mimiek, aangeleerd door de media.

Ik staar naar mijn twee poezen, die met zwaaiende staarten tegenover elkaar zitten. Chanel schudt geïrriteerd met haar pootje en likt wat slijm van haar pootjes. Noa, tikt met haar pootje tegen het ding wat tussen hen in ligt. Een spoor van bloed, slijm en schubben leidt van de vijver naar het midden van de terrasoverkapping. Een koi van ruim veertig centimeter lang, ligt tussen hen in. Er zit weinig leven meer in.

Op mijn blote tenen laveer ik tussen de scherven, de koffie en de gebroken koekjes heen, ondertussen de verbinding verbrekend met mijn vader. 'Noodgeval. Ik bel zo terug.' Ik druk dwars door de bezorgde, sputterende vragen van mijn vader heen, op de uit-knop van mijn telefoon en focus me op de vis.

Het gaat om Moby Dick. De meest lelijke,

maar ook de grootste koi die we hebben. Hij is mooi van lelijkheid. Een monster met een voorhoofd van jewelste. Een paar jaar geleden door mijn schoonouders gekocht als visje van vijf centimeter groot. Inmiddels past in zijn een bek een appel en douwt hij onbehouwen zijn zwemgenoten aan de kant voor de grootste hap voer. Waar de andere vissen een zekere sierlijkheid bezitten, ontbreekt deze volledig bij Moby Dick. We waren er al bang voor dat dit een keer zou gebeuren. De vissen hebben soms de neiging over het wateroppervlak te springen om muggen uit de lucht te happen. Je kon er op zitten wachten, dat ze een keer over de rand zouden springen. Dat Moby Dick zover zou springen, had ik alleen niet gedacht.

Ik bekijk Moby aan alle kanten en merk bezorgd de beschadigingen op. Hij ligt er al een tijdje uit zo te zien, want hij begint al dof te worden. Ook de ogen hebben al een witte waas over zich. Dan zie ik, dat hij een hap probeert te nemen. Snel til ik hem op, dat valt nog niet mee, want het is een behoorlijk gewicht en neem hem mee naar de vijverrand. Daar laat ik hem voorzichtig het water in glijden. Hij kantelt direct ondersteboven en blijft daar voor dood in het water hangen. Ik ga op mijn knieën voor de rand zitten en houd hem met beide handen recht in het water, ondertussen zachtjes de flanken masserend. Ik heb geen flauw benul wat ik aan het doen ben, maar volg mijn gevoel in deze.

De poezen nemen aan weerszijden van mij plaats op de rand en kijken gebiologeerd naar wat ik aan het doen ben, ondertussen hun besmeurde pootjes grondig schoon likkend.

Terwijl ik daar zit, komen de kinderen terug

van de speeltuin en barsten zowat in tranen uit als ze het bloedspoor en hun beschadigde Moby Dick in mijn handen zien. Ze rennen naar binnen om hun vader te halen. Ik waarschuw ze luidkeels voor de scherven, ik heb mijn handen immers vol, maar ze huppelen gelukkig behendig tussen de scherven door. Mijn man komt, ziet en trekt zijn conclusie. Hopeloos. Geen redden meer aan. Een paar vuilniszakken eromheen en de container in, is zijn bikkelharde advies.

Ik wil er nog niet aan, bovendien wil ik de kinderen laten zien dat ik in ieder geval mijn best heb gedaan, dus ik blijf over de rand hangen, houd Moby recht in het water en blijf masseren. Mijn man ruimt mopperend de scherven op en spoelt de koffie weg. Na een paar minuten hebben de kinderen er genoeg van en rennen weer terug naar de speeltuin. Hun verdriet is slechts van tijdelijke aard.

Mijn man verklaart me voor gek, maar ik blijf hoop houden. Dan ineens, zie ik een kieuw bewegen. Vervuld met frisse hoop blijf ik doorgaan met waar ik mee bezig ben. Het duurt uiteindelijk een uur, maar dan blijft Moby uit zichzelf recht in het water hangen, ook zijn andere kieuw is weer in werking gesteld, maar elk golfje kiepert hem weer om. Ik heb inmiddels ongelofelijk last van mijn rug en kramp in mijn armen, dus ik verplaats hem en zet hem zo ongeveer vast tussen een aantal rietstengels. Daar blijft hij de hele dag hangen.

Wanneer ik de volgende ochtend, na het wakker worden, als eerste een kijkje ga nemen bij Moby, is hij verdwenen. Ik zoek in de vijver en zie hem zwemmen. Hij is zo mogelijk nog lelijker, zit onder de schaafwonden, heeft nog steeds die witte waas over zijn ogen, maar hij leeft nog.

Inmiddels zijn we alweer wat jaren verder. Moby is volledig hersteld en douwt als vanouds als een botte boer zijn zwemmaatjes aan de kant om als eerste een stuk brood uit mijn handen te kunnen happen.

Mijn eerste reanimatie is een feit. Hopelijk ook meteen de laatste.

35. Moordenaar

De kinderen zitten tegenover me aan de grote tafel te kleuren in hun Kleurboek voor Volwassenen. Ik kan jullie zeggen: óók voor kinderen is dit een perfect ff-rust-in-de-kont-momentje.

Mijn dochter is binnen twee minuten zelfverzonnen liedjes aan het zingen tijdens het kleuren en mijn zoontje wiebelt op het melodietje mee met zijn hoofd en schouders. Als zo'n poppetje die je wel eens ziet op het dashboard van een auto. Echt, een aanrader. Zijn de kinderen druk, wild? Zet ze aan het kleuren in een Kleurboek voor Volwassenen. Minimaal een half uurtje rust verzekerd!

Ik zit tegenover ze te schrijven.

Dan besluit onze poes Noa zich ook bij dit knusse tafereel te voegen. En wel met een cadeautje. Raar purrend en miauwend komt ze binnen lopen en springt zo licht als een veertje op de hoge tafel, onderwijl ook daadwerkelijk veertjes strooiend. Ze legt iets tussen ons in op de tafel. Verbaasd kijken de kinderen naar wat er op de tafel ligt. Ze zijn welgeteld vier seconden doodstil en dan beginnen hun lipjes te trillen, beginnen ze te schreeuwen en duwen ze paniekerig en bruusk Noa van de tafel.

Op de tafel ligt een musje. Veertjes verfomfaaid. Het borstkastje gaat hevig op en neer. Geen bloed. Maar het blijft wel liggen. Voorzichtig pak ik het musje op. Ik draai het rond in mijn handen, maar kan geen uitwendige wonden ontdekken. Net als ik het aan mijn kinderen wil laten zien, om ze gerust te stellen, vliegt het uit mijn handen, de verkeerde kant op, recht in de klauwen van Noa, die verontwaardigd haar heil gezocht had op de kast en beledigd haar pootjes aan het likken was. Een goedgemikte haal van haar poot, haalt het musje weer uit de lucht en in een vloeiende lijn weer tussen haar kaken. De kinderen gillen en huilen en storten zich op Noa, die zó schrikt, dat ze het musje weer loslaat. Vervolgens rennen de kinderen, Noa, Sammie; onze hond en Chanel; onze andere poes, die ook op de commotie is afgekomen en ik, zei de gek, in een kluwen ongeregeld achter de mus aan. Die vliegt tegen de ramen, valt naar beneden om halverwege weer controle over de vleugels te krijgen, dan in een zeilvlucht over de banken scheert en dáár door Chanel, die strategisch was gaan zitten, uit de lucht wordt gemept. De mus stuitert via de muur, op de grond en schuift daar nog een halve meter door, om daar door Sammie besnuffeld te worden, die als eerste het arme musje bereikt. De poezen houden afstand, want ze willen geen gedoe met Sammie.

Hoe hard ik ook roep dat de kinderen moeten blijven staan, er helpt geen moedertje lief aan. De kinderen storten zich op de mus en blij houdt mijn dochter uiteindelijk het diertje in haar handen. Als ik zeg dat we beter even naar buiten kunnen gaan, kan ze haar nieuwsgierigheid niet bedwingen en opent haar gevouwen handen iets om het musje te bekijken. De mus grijpt haar kans en fladdert er snel vandoor. Dan, als een grijze schim, springt Noa zeker anderhalve meter de lucht in en hapt de mus uit de lucht. Door schade en schande wijzer geworden, rent ze direct met de mus naar buiten.

De kinderen zetten de achtervolging in, de achtertuin door, de poort langs, de straat op. Daar

verschanst Noa zich onder een auto, klaaglijk miauwend met de mus in haar bek.

Als het me, na praten als Brugman, gelukt is
om de kinderen mee te krijgen naar huis, ben ik
aldaar zeker een uur bezig om mijn ontroostbare,
huilende kinderen weer rustig te krijgen. Mijn
dochter blijft maar snikken: 'Moordenaar! Noa is
gewoon een moordenaar!' Mijn, wat jongere zoontje vindt Noa niet, nooit meer lief.

Als de rust uiteindelijk is teruggekeerd en de
kinderen in bed liggen, koester ik me buiten nog
even aan de laatste stralen van het avondzonne-
tje. Dan komt Noa aangelopen. Nog steeds met de
mus in haar bek. Ze springt op de leuning van de
stoel en legt de mus op mijn schoot. Ik aai Noa
over haar bol en neem het musje in mijn handen.
Wonder boven wonder leeft het nog steeds én nog
steeds niets te zien. Ik zet het musje voorzichtig
in het vogelhuisje dat op een strategische plek
aan de overkapping hangt. Dan ga ik weer zitten,
onderwijl het vogelhuisje in de gaten houdend en
ondertussen kroelend met Noa.

Na een half uur komt het musje overeind en
blijft nog even zitten. Dan hipt het naar de rand
en vliegt haar vrijheid tegemoet, de hoge, veilige
lucht in. Noa kijkt ongeïnteresseerd het musje na
en graaft dan spinnend een aantal haken in mijn
trui. Loom laat ze zich vallen en strekt zich uit
over mijn schoot. Ik kietel haar buik en geniet van
haar opportunistische aandacht. Ze zit daar alleen
maar omdat mijn schoot, op dit moment het
warmste plekje in het zonnetje is.

Waarom ik niet boos op haar ben? Haar niet
veroordeel? Roofdieren doden alleen uit noodzaak
en alleen zoveel als ze nodig hebben. Ik, wij,
daarentegen vreten ons het ongans aan vlees,

137

veel meer dan we nodig hebben en gooien ook nog eens de helft weg. Om het maar niet te hebben over de omstandigheden waarin we ons levend voer grootbrengen en vetmesten. Ik dood ze niet zelf, ik hoef er geen moeite voor te doen, ik hoef het niet te ontdoen van huid en haar, van de botten, dat wordt allemaal voor me gedaan. Ik ben daarom een nog veel grotere, luiere moordenaar. Sterker nog, tegenwoordig zijn er zoveel vleesvervangers op de markt, dat het eten van vlees niet meer nodig is.

Dus waarom ben ik dan nog geen vegetariër? Gemakzucht. Ik zou willen dat ik een verhevener reden had, maar daar komt het op neer. Dus ik veroordeel Noa niet. Noa, heeft uit een zeldzame blijk van genegenheid mij iets lekkers gebracht.

Het jachtinstinct van Noa roerde zich, toen er een prooi binnen bereik kwam. Ze had geen honger, dus besloot het mij te brengen. Voor het geval ík honger zou hebben. Dat is attent van haar. Niet méér, maar zeker ook niet minder dan dat.

36. Kattig

Het is hartje zomer. Ik ben op weg naar de speeltuin om te checken hoe het met mijn kinderen gaat. Mijn twee poezen sjokken in slow-motion met me mee. Om de zoveel meter ploffen ze languit in een schaduwplekje onder een auto of onder een boom.

Hoe vaak ik dat kleine tochtje naar de speeltuin ook maak, de poezen lopen altijd met me mee. Dat geeft me een warm en trots gevoel. Schijnbaar ben ik zo'n leuk en lief baasje dat ze zelfs in die hitte de moeite nemen om me te begeleiden.

De speeltuin is omheind met een groot, hoog hek met bovenaan prikkeldraad, bedoeld om de katten en het gespuis 's nachts, wanneer de hekken dicht zijn, tegen te houden. Ik snap waarom dat nodig is, maar het doet een beetje af aan het idyllische idee van zo'n speeltuin.

Soms, wanneer ik op een bankje in de speeltuin ga zitten, proberen de poezen toch via de poort naar binnen te glippen om met me te knuffelen. Wanneer de kinderen dat in de gaten krijgen, volgt er altijd steevast een hilarisch schouwspel, doordat een horde kinderen achter de poezen aanzitten en de poezen net zolang de speeltuin doorkruisen tot ze de poort weer hebben gevonden.

Nu hebben ze daar geen zin in, dus ze gaan languit ergens buiten de speeltuin liggen, terwijl ik een kletspraatje maak met één van de andere moeders.

Wanneer ik terugloop, ligt Noa languit op haar rug, in de schaduw van een boom. Ik kniel bij haar neer en begin te kroelen over haar buik. Ze spert haar ogen wijd open, krijst en slaat haar vier klauwen in mijn arm. Geschrokken spring ik overeind, val achteruit op mijn kont en probeer Noa los te trekken van mijn arm. Ze klauwt zich alleen maar dieper vast in mijn arm en bijt ook nog eens in mijn hand. Donkerrode bloeddruppeltjes druppelen langs mijn arm, de pijn is schrijnend, het onbegrip groot en ik heb geen idee wat ik nu moet. In paniek fladder ik met mijn arm heen en weer, maar staak al snel. De nagels trekken voren in mijn huid. Met mijn andere hand probeer ik haar bij haar nekvel te pakken, maar dan graaft ze nog harder met haar achterpoten. Als het uiteindelijk toch lukt, probeer ik haar van mijn arm los te trekken. Als dit ook niet lukt, beginnen gedachtes als: sla ik haar tegen de grond, tegen een boom? mijn brein in te sijpelen.

Dan evenzo plotseling laat ze los en springt onder de struiken. Geschokt sta ik daar te staan. Wat is hier gebeurt?!!! Trillend op mijn benen kijk ik naar mijn gehavende arm. Dan krijgt bezorgdheid om Noa toch de overhand. Is ze letterlijk gek geworden, heeft ze één of andere toeval? Ik roep haar naam. Purrend en spinnend komt ze direct uit het struikgewas gerend alsof ze me een eeuwigheid gemist heeft, staart recht omhoog en ze strijkt met haar lichaam enthousiast om mijn benen. Verbluft kijk ik naar haar. Dan kijk ik om me heen. Heeft iemand dit gezien? Heeft iemand gezien hoe ik aangevallen werd door één van mijn geliefde dieren? De straat ligt er verlaten en stil bij.

Gekwetst tot in het diepst van mijn dierenhart begin ik de terugtocht naar huis, een spoortje bloeddruppels achterlatend. Noa loopt zoals altijd enthousiast met me mee, zich zo te zien van geen kwaad bewust. Ze praat op haar manier honderd-uit met me, miauwt en purt alsof ze me wat wil vertellen.

Het achteraf bekijkend, denk ik dat ze sliep en dacht dat ze aangevallen werd. Ze had gewoon niet door dat ik het was. Ze heeft me ook nooit meer zoiets geflikt, maar elke keer dat ik haar weer een aai wil geven, laat ik altijd eerst even weten dat ik er ben, zodat ik zeker weet dat ze wakker is. Kittig katje, die Noa.

Ooit heb ik eens een keer een grote volwassen vent, zowat knock-out geslagen. Ik lag te slapen, toen mijn vriend, na een nachtje uit met vrienden, thuiskwam. Hij was heel stilletjes binnengekomen, onder de dekens gekropen en sloeg zijn armen om me heen. Ik was zo diep in slaap, dat ik me het lamlazerus schrok en direct om me heen begon te maaien en te schoppen. Een vuist vol op zijn neus, donderde hem zo achterover het bed uit.

Ook híj kwam daarna altijd met de nodige waarschuwingsgeluiden onze kamer binnen. Kittig Katje, zal hij wel gedacht hebben...

141

37. Hitte

De lucht boven de straat wordt vervormd door de hitte. Trillende straaltjes lucht stijgen op van de stenen en vervormen de kleuren en vormen als je daardoor heen kijkt. Ik kon als kind altijd minutenlang naar die bewegende lucht en de daardoor bewegende vormen en kleuren kijken. Ik vond het magisch.

Net zoals de watervlekken die je ziet op lange stukken weg als het zo heet is. Ook zoiets bijzonders. En hoe ver je ook rijdt, je bereikt die plekken nooit. De onbereikbare oase in de woestijn. Soms zie je een tegemoetkomende auto er doorheen rijden. Het lijkt dan soms net of de auto even verdwijnt en dan weer tevoorschijn komt. Simsalabim. Tovenarij.

Hoewel de zomer mijn favoriete jaargetijde is, is dit ook mijn moeilijkste om door te komen. Ik zweet namelijk niet of nauwelijks. Dat betekent dat mijn lichaam ook altijd de grootst mogelijke moeite heeft om op temperatuur te blijven. Dat lukt ook maar ten dele. Met een knallende hoofdpijn tot gevolg. Het zwembadje gebruik ik dan regelmatig om mezelf in mijn kleren compleet onder te dompelen. Ook een natte handdoek als een tulband om mijn hoofd of in mijn nek is dan een verademing. Op vele zomerfoto's sta, zit of lig ik vaak in druipnatte kleding. Een doorlopende wet T-shirt-contest maar dan anders. Het is gewoon noodzakelijk.

Het niet-zweten is eveneens een probleem wanneer ik me lichamelijk moet inspannen. Ieder ander gaat zweten en koelt zo een beetje af. Ik niet, dus ook dan is een knallende koppijn vaak het resultaat. Ik moet toegeven dat dit bepaalde sportieve doelen die ik mezelf gesteld had, de das om heeft gedaan.

De enige sport waarmee ik daar geen last van had, was zwemmen, maar dan struikelde ik weer over dat chloor in de zwembaden, die na een half uur van mijn ogen twee brandende irritatiebronnen maakten. Dus zwom ik af en toe de Beulakerwiede een paar keer heen en weer als alternatief. Mijn uithoudingsvermogen in het water is ook tien keer zo groot als op het land. Ik ben eigenlijk stiekem een soort salamander.

Ik kijk altijd gefascineerd naar de zweetdruppels op de gezichten van anderen. Ik vraag me dan af hoe dat voelt. Hoe het voelt dat er vocht uit je huid komt, dat zich dan verzamelt in een druppel en dat dan naar beneden glijdt. Ik geef toe, ik kijk ook naar de zweetplekken in de kleding en het knipperen van de ogen om de zweetdruppels een weg te laten banen om de ogen heen en ben dan blij dat ik daar geen last van heb. Ter verontschuldiging van mijn gebrek aan lui zweet, roep ik dan altijd maar: 'Ik zweet niet, ik wasem!'

Onlangs heb ik, door een operatie, ervaren hoe het voelt om te zweten. Ik werd 's nachts wakker en in stilte vroeg ik me af waarom. Toen voelde ik het trage gekriebel van iets wat zich vanuit mijn nek een weg naar beneden baande. Ik wilde krabben en kwam tot de ontdekking dat mijn hele huid nat was van het zweet. Ik stopte met krabben en liet deze ongewone sensatie tot mij doordringen. Ik ging er zogezegd eens voor liggen om dat eens te voelen. Ik sloeg de deken weg en voelde direct de verkoelende werking van dit vocht op mijn huid.

Ik kan je vertellen, dit was voor mij een hele

bijzondere ervaring. Wat voor velen een dagelijks iets is, heb ik voor het eerst beleeft. Alhoewel ik me er ook bewust van ben dat zweten nou niet echt op ieders verlanglijstje staat, opent de mogelijkheid om te zweten, vele deuren die eerder gesloten waren.

38. Flapuit

'Jemig! Die mevrouw is oud! Die gaat vast snel dood!' Mijn zoontje. Als we een oudere dame met rollator tegenkomen op de stoep. De oudere dame grinnikt gelukkig en zegt dat ze hoopt dat ze het nog even volhoudt. Er komt zowaar een knipoog van haar gezicht afrollen richting mijn zoontje. Opgelucht wandel ik verder. Een veilige vijftig meter verder, begin ik aan mijn lesje censuur.
'Die man is klein! Ik ben bijna net zo groot!' Mijn zoontje. Hij kijkt vol verwondering en verbazing naar een lilliputter, een klein mens, of iemand die last heeft van dwerggroei, hoe de correcte benaming is weet ik eigenlijk niet, op een kinderfiets. Mijn zoontje fronst zijn wenkbrauwen en denkt diep na. Je ziet gewoon dat zijn perspectief even uit balans is. De man op de fiets kijkt geërgerd opzij en ploegt dan, na een blik op mijn zoontje, berustend verder. Een veilige vijftig meter verder begin ik met mijn lesje censuur.
'Je stinkt. Naar poep.' Mijn dochter. Na een enthousiaste knuffel van de buurvrouw, omdat mijn dochter net vijf is geworden. Geschokt roep ik mijn dochter terecht. Verbaasd kijkt mijn dochter me aan. Ze sputtert na het zien van mijn gezicht iets van sorry tegen de buurvrouw en kijkt naar het cadeautje in de handen van de buurvrouw. De buurvrouw, met hoogrode kleur, geeft het cadeautje aan mijn dochter. Die maakt zich, met cadeautje, zo snel als ze kan uit de voeten. Mij en de buurvrouw achterlatend met de mond vol tanden. Ik probeer iets van: 'Kinderen he... tsja...' De buurvrouw begint te huilen. Ik trek haar tegen me aan en moet mijn dochter gelijk geven.

Na een poosje vertelt ze dat ze medicijnen slikt die daarvoor zorgen. Dat ze stinkt. Ze heeft alles al geprobeerd, niets helpt. Wanneer ze even later weer naar huis is, roep ik mijn dochter bij me en begin met mijn lesje censuur. 'Jij hebt een dikke kont!' Mijn zoontje. Vriendelijk lachend tegen de verkoopmedewerkster die speciaal voor hem op haar knieën het laatste zakje knikkers in de onderste bak, die klem zat in de korfdraden, los knipt. Met een hoogrode kleur komt ze weer uit de bak gekropen, overhandigt me minzaam het zakje knikkers en haast zich naar de kassa, waar zich al een rij heeft gevormd die dit alles hebben kunnen volgen. Ik sluit met mijn zoontje aan in de rij, onderwijl mijn zoontje opdragend en voorzeggend dat hij straks sorry moet zeggen. Hoewel mijn zoontje er niets van snapt, hij liegt toch niet? doet hij braaf wat hem gezegd wordt. Eénmaal de winkel uit, begin ik mijn lesje censuur.

'Jij bent een heks. Want jij hebt een pukkel op je neus.' Mijn dochter. Ze zit op schoot bij een tante, met inderdaad een pukkel op de neus. De kring visite valt stil en luistert belangstellend. Mijn dochter plukt aan de pukkel. Even kun je een speld horen vallen. Dan fluistert tante: 'Knibbel, knabbel, knuisje, wie krabbelt er daar aan mijn huisje!' en ze kriebelt mijn dochter in haar buikje. Hinnikend van de lach laat ze zich vallen. Het gezelschap hervat de gesprekken en ik kom uit mijn bevroren toestand en ga verder met mijn dienblad met hapjes. Wanneer ik de kinderen later naar bed breng, begin ik mijn lesje censuur.

'Kijk mama! Een busje met asielzoekers!' Mijn dochter. Heeft het net op school over de Syrische vluchtelingen gehad. Dat dit gezin al jaren in onze

straat woont, ze waarschijnlijk allemaal hier geboren en getogen zijn, doet er weinig toe. Ergens
gaat er iets in de informatiestroom mis. Verontschuldigend grimas ik naar de buurman, die vanuit
het opengedraaide raampje, gelaten terug gri-
mast. Een veilige vijftig meter verder, begin ik aan
mijn lesje censuur.

Ik geloof dat ik inmiddels zo'n beetje alles wat
niet door de beugel kan om hardop te zeggen, gehad heb. Ik geloof ook dat inmiddels de boodschap duidelijk is bij mijn kinderen.
Hoewel... soms sta je nog voor verrassingen.
Laatst waren we in het zwembad en trok mijn
zoontje een mevrouw aan de hand. Streng sprak
hij haar toe. Ze had te lang in de zon gelegen.
Dan verbrand je. Dus de volgende keer moest ze
zich maar goed insmeren. Dat deed hij ook en bij
hem was er niets aan de hand. Als bewijs draaide
hij een rondje. Zie je wel. Niet bruin. Híj had zich
goed ingesmeerd. Pas toen de mevrouw knikte,
draaide hij zich om en spoot het zwembad weer
in. Wanneer de mevrouw zoekend om zich heen
kijkt en mijn blik vangt, knikt ze me lachend toe.
Opgelucht beantwoord ik de glimlach. Thuis begin
ik weer aan mijn lesje censuur.

Ik ben faliekant tegen censuur trouwens.

39. Waterpret

Het is mooi weer, volgens de kinderen. Dus ideaal en hoog tijd voor het zwembadje. Of ik die even op wil zetten. Nu, meteen, direct, als het even kan.

Alles voor de kinderen, dus ik sleep de doos met bouwpakket-zwembad uit de garage. Na het zoveelste opblaasbare zwembadje, dat door onze poezen lek gekrabd is, in hun idée fixe om persé uit het zwembadje te willen drinken, ook al hebben ze een vijver van vijftien kuub, een vogelbadje en hun eigen drinkbakjes, als ook die van de hond tot hun beschikking, hebben we nu toch maar eentje met een metalen frame.

Hoewel ik dat gestuntel en gewiebel van de dames op de opgeblazen rand van het zwembadje altijd uiterst vermakelijk en spannend vind, houdt het een keer op. Die klauwen kosten geld. Dus een bouwpakket.

Terwijl ik de verschillende onderdelen neerleg, ontdek ik dat de codes op de verschillende soorten stangen inmiddels verdwenen zijn. Geweldig. En nu? Alle stangen zijn van verschillend formaat en het past allemaal op en in elkaar. Terwijl ik me vastbijt in die puzzel en logica in de soorten stangen probeer te ontdekken, staan de kinderen vol ongeduld om me heen te springen en te dansen en weten beiden wel hoe het moet. Ze grissen stangen weg, zetten ze in elkaar, halen ze uit elkaar en brengen chaos in mijn iets mindere chaos.

Zo werkt het niet. Ik poeier de kinderen naar de speeltuin en ga verder met mijn hersengymnastiek. Uiteindelijk denk ik te weten hoe alles in elkaar gezet moet worden.

Zo gezegd, zo gedaan. Alleen kom ik uiteindelijk twee bevestigingspinnetjes tekort. Ik zet de doos op zijn kop, kijk onder het zeil, waad door de chaos in de garage, verplaats letterlijk alles, veeg terwijl ik dan toch bezig ben de nu ontblote vloer aan en vind uiteindelijk de twee pinnetjes. De garage heeft een metamorfose ondergaan.

Het frame zit in elkaar, het zwembadje staat. Nu vullen met water. De kinderen, die als een repeterende plaat al tig keer zijn komen vragen of het al klaar is, vliegen naar boven om hun zwemkleding aan te trekken.

Dat kunnen ze niet vinden, écht niet, het ligt nergens, ze hebben óveral gezocht, dus ik dender de trap op om mee te helpen zoeken.

Het ligt in het bakje zwemkleding, al jaren op dezelfde plek, dus inderdaad de meest onlogische plek die je maar kunt verzinnen. Dáár hadden ze niet gekeken.

Verder overal wel en dat is te zien. Het is een waar slagveld van kleding op de grond in de diverse kamers. Terwijl ik foeterend alle kleding weer in de kasten prop, trekken de kinderen hun zwemkleding aan en spurten naar beneden. Zwembad en vijver, kind zonder zwemdiploma, dus niet vertrouwd, ergo de kledingkasten moeten wachten, dus ik volg ze braaf in hun kielzog naar beneden.

Er staat inmiddels een klein laagje water in. Genoeg vinden de stuiterende kinderen, dus enthousiast stappen ze in het water om er vervolgens gillend weer eruit te springen. Veeeel te koud. Er móet warm water bij. Dus ik geef de kinderen en de buurkinderen, die zich inmiddels ook verzameld hebben, (ze ruiken het gewoon,) emmers en gieters en in een ketting vullen ze het zwembad bij met warm water. Al is dat even leuk,

toch schiet het niet op. Teleurgesteld en met pruil-
gezichtjes staan ze me aan te kijken.

Terwijl ik ze vertel dat als ze willen zwemmen
in warmer water, dat ze daar dan zelf ook wat
voor mogen doen, bedenk ik me dat ik nog een
stuk tuinslang in de garage zag liggen tijdens mijn
ongeplande opruim- en zoektocht in de garage.
Waarschijnlijk is die net lang genoeg om vanuit de
warme kraan in huis, naar het zwembad te leggen. Ik haal de slang tevoorschijn en probeer het
aan de warme kraan vast te prutsen. Gaat niet
lukken natuurlijk, de slang schiet er met dezelfde
gang weer af, zodra er waterdruk op komt te
staan.

Ik ga weer de garage in op zoek naar een
koppelstuk. Dat móet er zijn, dat weet ik zeker,
want het staat me bij dat we die vorig jaar ook
gebruikt hebben. Dus weer pluis ik elke centimeter van de garage af. Niets. Ik vind het uiteindelijk
in een lege vaas in de kast van de bijkeuken. Logisch. Dom van me.

Dan gaat het sneller, met twee slangen vult
het bad zich snel. En het water krijgt al snel een
aangename temperatuur. De kinderen duiken ex-
tatisch het water in, helemaal verhit door het ge-
sleep met emmers en ik ga uitgeteld op de bank
zitten en kijk en luister naar hun uitzinnige plezier.

Daar doe ik het voor. Tevreden durf ik een
boekje erbij te pakken. Net als ik de eerste pagina
omsla, stappen de kinderen het zwembad alweer
uit en vragen om een handdoek. En hun kleren.
Het is mooi weer tenslotte, ideaal voor de speeltuin.

's Avonds, wanneer de kinderen in bed liggen,
de kledingkasten weer zijn ingeruimd, het huis en

de tuin weer op orde zijn, de wasmachine en af-wasmachine draaien en ik buiten op de bank ge-niet van de stilte en rust, valt mijn blik op het zwembad. Het staat er verloren en eenzaam bij. Het roept me.

Ik bedenk me geen seconde, trek mijn bikini aan en strek me uit in het verkoelende water en laat de laatste zonnestralen van die dag mijn ge-zicht aaien. Dáár doe ik het voor!

40. Anti-mug

Ons zoontje heeft last van een mug. Dus ik ook. Hij reageert altijd nogal heftig, allergisch op een muggenbeet, enorme bobbels die dagen lang blijven opspelen, dus ik neem geen risico. Ik kam zijn hele kamer uit. Ik flapper de gordijnen, schuif het bed, de kast en het bureau weg. Geen mug te bekennen. Mijn zoontje is enigszins gerustgesteld en ik kan mijn warme nestje weer opzoeken. Na vijf minuten rust roept onze zoon wederom om hulp. De mug is er nog steeds, hij weet het zeker. Hij is weer geprikt, want het kriebelt. Weer ga ik elke centimeter van de kamer af. Ook de kleren worden uit de kast gehaald deze keer. Wie weet heeft hij zich daar verstopt, de boef. Niets. Onze zoon hoest een paar keer en zegt: 'Zie je wel! De mug is in mijn keel gekropen en heeft me daar geprikt!' Het kwartje valt: logisch, kriebel in de keel is mug in je strot.

Na een slokje water en een moeizame (het is tenslotte twee uur 's nachts en ons zoontje is pas vijf) poging tot uitleg over verkoudheid en kriebel in de keel is hij gerustgesteld en kruipt tevreden onder de dekens en doezelt weg.

Zijn kamer is veranderd in oorlogsgebied, de hele inhoud van de klerenkast ligt verspreid over de kamer. Verloren sta ik midden in die chaos met mezelf te overleggen; nu opruimen of morgen weer een dag. Ik kies voor het laatste en hoop op een paar uurtjes ongestoorde slaap.

Ik duik net de gelukzalige diepte in, wanneer een irritant gezoem me weer omhoog trekt. Dus toch! Dat etterbakkie is verhuisd naar onze kamer. Ik knip het licht aan en scan de kamer. Na-

tuurlijk is dat stuk ongeluk nergens meer te bekennen. Dan, bij de plafondlamp zie ik een glimp
van het ondier. Ik sta op mijn tenen te balanceren
in bed, mijn uiterste best aan het doen om niet op
mijn wederhelft (die zich nergens van bewust een
slag in de rondte snurkt) te gaan staan. Ik kan net
niet bij het plafond, dus ik wapper met een hand
net zo lang, totdat de mug zich verplaatst. Na
weer een kwartier heb ik hem eindelijk te pakken.
Het is drie uur 's nachts, ik heb het koud, ben
bloedsjachereinig en tot moord in staat. Ik ga
weer liggen. Ik maak in mijn hoofd van een mug
een olifant en tegen de tijd dat mijn wederhelft
wakker wordt, is er niets meer goed of het deugt
niet. De arme man weet niet wat hem overkomt
wanneer ik, zodra hij zijn ogen open doet, van
leer trek.

Als na tien minuten aaneengeschakeld ge-
muggenzift mijn woede wat bekoeld is, geeft hij
me een dikke knuffel en stapt onder de douche.

Die man heeft het tegenovergestelde effect op
me als een mug. Alle irritatie vloeit uit me weg en
fluitend begin ik aan het ochtendritueel.

41. Gebroken

Besluiteloos staan we voor het dichte kantoor. We proberen nog eens te bellen, maar er wordt niet opgenomen. We spreken nog een keer een bericht in, sturen een SMS-je en drentelen het pleintje op en neer. Het is prachtig weer, zo'n 24 graden en het ziet er allemaal idyllisch, maar wel verlaten uit. Er loopt geen kip op straat. Het gehuchtje is compleet uitgestorven.

Het is herfstvakantie en we zijn in Spanje. Ongeveer een uur voordat onze navigatie-miep dacht dat we zouden aankomen, hebben we braaf, zoals ons in de email gevraagd was, nog gebeld om te zeggen wanneer we dachten aan te komen. De vrouw aan de telefoon was overdreven vriendelijk, maar onverstaanbaar. Uiteindelijk dachten we te begrijpen dat ze er op dat tijdstip zou zijn met de sleutels van ons vakantiehuis.

Na zeventien uur rijden zijn we kapot, bekaf, gebroken en we willen maar één ding. Ons huis in en slapen. De kinderen gedragen zich wonder boven wonder geweldig. Ze rennen de kleine trappetjes op en neer, spelen wat met steentjes en lijken niets van die helse tocht te hebben meegemaakt.

Wij, aan de andere kant, weten al dat we dit nooit meer doen. In ieder geval niet in één keer. Niet verantwoord, gekkenwerk gewoon. En, in onze hoofden speelt zich nu het horrorscenario af, dat we een last-minute-huisje geboekt en betaald hebben, zeventien uur gereden hebben en hier uiteindelijk stranden omdat niemand ergens vanaf weet. Staan we daar in een piepklein plaatsje in Spanje. Wat moeten we dan?!

We nemen koortsachtig keer op keer de papieren door en weten echt even niet wat te doen. Na twintig minuten komt er eindelijk een Spaanse schoonheid van jewelste op naaldhakken het pleintje op en opent het kantoor. (Ik heb stiekem bewondering voor de elegante manier waarop ze de hellende straatjes met keien, bedwingt. Je reinste acrobatiek.)

Wij zitten op het bankje ertegenover en schieten opgelucht overeind en volgen haar naar binnen. Bij binnenkomst verontschuldigt de vrouw zich, legt de papieren klaar, heeft voor elk van de kinderen een tasje met wat hebbedingetjes en voor ons een fles wijn en een kaasplankje. Ze wil alles van ons weten en praat honderduit. Ze schiet maar vragen op ons af, kakelt zelf hele verhalen in haar onverstaanbare mengelmoes van Spaans en Engels en giechelt om de drie woorden.

Dat is in eerste instantie schattig, maar al snel zeer irritant. Uiteindelijk, nadat onze glimlachen vervagen, onze antwoorden nog maar uit maximaal twee woorden bestaan en onze onderlinge blikken wanhopiger worden, wordt de boodschap duidelijk. Ze overhandigt ons de sleutels en zegt: 'Follow me!'

Ze heeft de auto natuurlijk heel ergens anders staan dan wij die van ons, dus na enig onhandig gezoek in hele smalle, stijgende en dalende straatjes, waarbij je er niet aan denken moet een tegenligger tegen te komen, hebben we elkaar gevonden en gaan we op weg.

De Spaanse schone, is een uiterst pittige chauffeuse, die wij met de grootst mogelijke moeite bij kunnen houden. Ze scheurt met een rotgang de straatjes door, de steile hellingen op en af, remt niet voor kruisingen en gebruikt haar knipperlichten niet. Ze heeft haar rechterhand continue op de claxon en gebaart en wappert met haar linkerhand uit het raam naar de weinige andere weggebruikers. Terwijl wij met klotsende oksels en het hart in de keel proberen haar bij te houden, genieten de kinderen met volle teugen van deze onverwachte achtbaan en gillen en gieren van plezier.

Na een wilde achtervolging, waarbij we haar telkens kwijtraken en weer terugvinden, eindigen we in een villawijk aan zee, waar een elektrische poort met een afstandsbediening opengaat en we parkeren met bibberende knietjes onze auto op de privé-parkeerplaats.

Het huis is in één woord prachtig. Ruim, netjes, luxe, licht, knus, met in de achtertuin een prachtige tuin met privé-zwembad en uitzicht op zee. Wat willen we nog meer. De last-minute prijs die wij betaald hebben is ronduit beschamend.

We werken de vrouw vriendelijk doch beslist de deur uit en ploffen uitgeput en opgelucht neer op de bedden. Binnen een paar minuten is iedereen diep in slaap.

Tot er ineens een harde bonk klinkt in de kamer van de kinderen, met daarop volgend een gekrijs van heb-ik-jou-daar. We haasten ons naar de kamer en zien onze zoon met een raar slap handje op de grond zitten. Hij is uit bed gevallen en de schade is ons direct pijnlijk duidelijk. Pols gebroken. We kijken elkaar verslagen aan. En nu?

Terwijl mijn man de pols van mijn zoontje (onder luid protest) gaat koelen onder de koude kraan, bel ik onze Spaanse Schone. De conclusie, na een moeizaam gesprek, waarin de dame serieus zowat in tranen is vanwege het ongeluk dat ons getroffen heeft, ('You poor peoples, you arrived just an hour ago!! You poor, poor peoples!!!')

is dat wij het beste morgenochtend naar het ziekenhuis kunnen gaan, dat zich anderhalf uur snelweg verderop bevindt. De dokter bevindt zich in een ander plaatsje, weliswaar wat dichter bij, maar ook deze zal ons dan vervolgens doorsturen naar dat ziekenhuis. Nu die kant op rijden heeft volgens haar absoluut geen zin, aangezien we dan waarschijnlijk tot de volgende ochtend moeten wachten voordat iemand ons kan helpen. 'In Spain, things are different,' zegt ze verontschuldigend.

Na een paracetamolletje voor ons zoontje, hebben we uiteindelijk toch onze broodnodige, ongestoorde, lange nacht en gaan we de volgende dag, met een molletje voor nu en één voor de terugweg, met frisse moed op weg naar het ziekenhuis.

Aangezien we gisteren zeventien uur snelweg hebben gezien, besluiten we de toeristische route te nemen en de snelwegen te vermijden. Dan maar het onaangename met het aangename verenigen en de kans grijpen om wat van het Spaanse binnenland te zien.

Over piepkleine weggetjes trekken we door de bergen, langs uitgestrekte olijfboomgaarden en door kleine gehuchtjes waar de tijd lijkt stil te staan. Het landschap is adembenemend en zo anders dan ons kleine, volle Nederland, dat ook de kinderen ademloos naar buiten zitten te kijken. We komen ogen tekort. Op de mooiste plekjes stoppen we om foto's te maken. De kinderen vergapen zich aan de metershoge cactussen en de hagedissen die overal tevoorschijn komen en weer weg schieten.

Bij het ziekenhuis aangekomen splitsen we ons. Mijn man gaat met onze dochter kijken bij een ruïne die we iets verderop zien liggen en mijn zoontje en ik stappen het ziekenhuis in.

De entreehal is ook direct de wachtkamer, die volgepakt is met zieke en gewonde mensen. Huilende kinderen en kreunende, kwijlende, hoestende, apathische mensen zitten en staan in de ruimte en kijken met een vermoeide en gelaten blik naar de binnenkomst van ons tweetjes. Mijn zoontje klemt zich direct vast aan mijn been en wil weer in de achteruit, het ziekenhuis uit.

De dames bij de receptie kennen natuurlijk geen woord Engels. Ze zijn allebei ruim in de zestig, zien eruit alsof ze minstens achtenveertig uur zijn wakker geweest en hebben overduidelijk niet meer de energie om één of andere verwende toeriste te woord te staan.

Nadat de dames, na wat een verhitte discussie lijkt, het erover eens zijn, wie mij gaat helpen, probeer ik in gebarentaal uit te leggen wat er aan de hand is. De mensen in de wachtkamer genieten van deze onderbreking van het eindeloze wachten en doen mee met het raadspelletje en roepen behulpzaam allerlei suggesties. Als het probleem duidelijk lijkt te zijn, vragen ze om mijn paspoort en verzekeringspapieren. Deze worden aan een man gegeven, die opgeroepen wordt met de intercom en die vervolgens daarmee in één van de gangen in verdwijnt.

Niet helemaal gerust dat ik onze paspoorten en verzekeringspapieren heb weggegeven, blijf ik besluiteloos bij de balie staan. Binnen twee minuten wordt echter onze naam al genoemd en kunnen we doorlopen. Beschaamd loop ik langs al die mensen die zitten te wachten en durf ze niet in de ogen te kijken.

De dokter die vloeiend Engels spreekt en mij

mijn papieren overhandigt, legt mij uit, dat de meeste mensen in Spanje niet verzekerd zijn en de armoede groot is. Het ziekenhuis moet dan maar afwachten of de rekening betaald gaat worden. Daarom gaan mensen met een verzekering altijd voor. Zeker toeristen uit Nederland of Duitsland. Die zijn altijd goed verzekerd. (!)

Op de röntgenfoto is te zien, dat de pols inderdaad gebroken is. Nadat de arm vakkundig is ingepakt in gips, stapt onze zoon apetrots langs de geduldig wachtende mensen in de wachtkamer. Als een trofee laat hij iedereen zijn arm zien en na heel wat aaien over zijn bol en kneepjes in zijn wang, stappen we het ziekenhuis uit, de zon in.

Bij thuiskomst ligt er een enveloppe op de deurmat met allerlei foldertjes, flyertjes, ingetekende kaartjes en een sierlijk handgeschreven briefje van onze Spaanse Schone. 'Things you can do with a broken arm. Love, Catalina.'

We hebben ons verwachtingspatroon wat moeten aanpassen, maar uiteindelijk een verrassend leuke vakantie gehad, buiten het seizoen, in een verlaten, bijna spookachtig toeristengehuchtje en met volle teugen genoten van de gastvrijheid en vriendelijkheid van de plaatselijke bevolking.

42. De kerstbal

Vorig jaar heb ik een aantal kerstballen bewaard in de vriezer. Kerstballen? Ja, kerstballen. De enige echte volgens mijn kinderen. Mooiere bestaan niet. Daar moeten we natuurlijk zuinig op zijn, dus heb ik de kerstballen bewaard in de vriezer. In de vriezer? Ja, in de vriezer, want dat was volgens zeggen van mijn kinderen, de beste plek voor deze bijzondere kerstballen.

Elke keer als de vriezer ontdooit werd om schoongemaakt te worden, werden de kerstballen angstvallig koud gehouden in vriesblokken, tijdelijk verplaatst in de koelkast en zodra de vriezer weer schoon was, als eerste weer in het hoekje van de vriezer neergelegd. Verpakt in plastic zakjes mét zipper, want een "normaal" boterhamzakje was niet afdoende, volgens mijn kinderen. Ik ben er nog speciaal voor naar de Coop gefietst om zulke zakjes te kopen. Wat je niet doet voor je kinderen.

Maar, mijn kinderen hebben er verstand van. Ze zijn nog helemaal intact. Dat kan niet gezegd worden van de andere kerstballen. Er liggen er elk jaar een aantal in gruzelementen in de doos, die nota bene speciale vakjes heeft voor elke kerstbal. Of dat ligt aan het feit dat de kerstspullen in de berging liggen, waar gedurende het hele jaar alle rotzooi in gedumpt wordt, waarvan ik bij God niet meer weet wat ik ermee moet, maar waarvan het toch ook weer zonde is om het weg te gooien, dat zou natuurlijk kunnen. In een jaar tijd kan je een hoop rotzooi vergaren. Bovendien ligt datgene wat je uiteindelijk toch weer nodig hebt altijd ergens achteraan en onderop en van al dat getrek met dat spul, kun je verwachten dat er wel eens iets te ruw opzij geschoven of geduwd wordt.

Of die hoedjes op de kerstballen, waar de haakjes aan vast zitten, zijn er af. Bij sommige hoedjes lukt het me om ze er weer op te prutsen, maar er zijn er altijd een aantal bij die te ver- vormd of te slap zijn om nog houvast te hebben aan het steeltje van de kerstbal.

Óf ik kom haakjes tekort. Nog zoiets. Gek word ik ervan. Na alle dozen te hebben nagekeken krijgen we dan de standaard strooptocht door het huis naar een draadachtig of haakachtig iets wat ik kan gebruiken om de kerstballen mee op te hangen.

Het is inmiddels al een mooie verzameling. Kerstballen met haakjes van blauwe wol, rode wol, van strodraad, haakjes van visgaren, haakjes van ijzerdraadjes die uit die witte sluitdraadjes van de boterhamzakjes zijn geplukt, enzovoort. Een bon- te verzameling dus. Uniek in zijn soort.

Maar ik dwaal af. De enige, echte kerstballen. Ik zal het even uitleggen:

Vorig jaar, op eerste kerstdag zaten mijn kin- deren een kerstfilm te kijken. Zo'n echte Ameri- kaanse kerstfilm met alle toeters en bellen. Met een flinke hoeveelheid sneeuw, in een typische vil- lawijk in de suburbs, met kinderen met rode wan- getjes die sneeuwbalgevechten houden, sneeuw- poppen bouwen, sneeuwengels fladderen en het verplichte stel bejaarden onderuit kegelen met een slee.

Aan het einde van de film ging mijn zoontje samen met mijn dochter voor het raam staan. Ze keken naar buiten, naar de regen en het grauw en het grijs. Hun houding drukte één en al verslagen- heid uit. Jeweetwel; hangende schoudertjes, pruillip, trieste blik en stilte.

Dát vooral, die stilte, dat was voor mij een teken aan de wand dat er echt, serieus, iets mis was. Op mijn vraag wat er dan toch aan de hand was, zei mijn zoontje: 'Ik wil ook kerstballen gooien... Het is toch Kerst?!' En hij keek mistroostig naar de plassen op straat.

Zo dus. Kerstballen gooien. Dat gaan we fiksen. Dat regelen we! Toen in januari de eerste sneeuw viel, hebben we daar een paar mooie grote dikke kerstballen van gekneed. Niet zulke ieniemienies, maar respectabele en deze veilig gesteld voor de volgende kerst. In de vriezer.

Witte kerst of niet, er zal met kerstballen gegooid worden op eerste kerstdag!!!

43. Schijnheilig

Ik heb het niet zo op Sinterklaas. Ik gruw van de Sinterklaasliedjes waarmee je overal wordt doodgegooid en de hebberigheid van de kinderen. Voor-wat-hoort-wat wordt er handig ingeprent. Simpelweg lief zijn is er niet meer bij. Lief zijn omdat er dan iets tegenover staat, dát wel. Ik heb een hekel aan het gelieg, gedraai en gekonkel van de ouders, aan de consumptie-industrie die indoctrineert, manipuleert, verleid en misleid.

Ik word verdrietig van de ouders die tegen elkaar opboksen: duur, duurder, duurst. Mijn hart keert zich om als mijn dochter in tranen aan me vraagt waarom zij die Barbie die ze zo graag wilde niet in de schoen heeft gekregen en twee van haar klasgenootjes wel. Vindt Sinterklaas haar dan niet lief?

Ik zie met lede ogen aan hoe gezinnen die het financieel moeilijk hebben, de rekening van de huur of de elektriciteit laten liggen om toch maar dat ene peperdure cadeautje te kunnen kopen.

Ik kan het niet aanzien als op pakjesavond de cadeautjes één voor één ontdaan worden van het pakpapier en na een korte blik aan de kant gegooid worden voor het volgende cadeautje. Meer, meer, meer!!

Ik heb het ook niet zo op Kerst. Ik verfoei het verplichte samenzijn. Ik word doodmoe van de moeite die het kost om de familie bij elkaar te krijgen. We hebben te maken met verschillende zwagers en schoonzusters, met ook weer ouders die allemaal een voorkeur hebben voor eerste of tweede kerstdag. Er wordt altijd ergens op tenen getrapt.

Er voelt zich altijd iemand gepasseerd. En daarbij; na zo'n eerste of tweede kerstdag heb ik geen van mijn dierbaren écht gesproken.

Ik snap er niets van dat mensen uit eigen vrije wil het dubbele of nog meer betalen van de normale prijs om in een overvol restaurant, met oververmoeid en gestrest personeel, te eten. Helemaal als je nagaat dat de kinderen in de meeste gevallen alleen maar patatjes en appelmoes eten, zich kapot vervelen en kris-kras door het restaurant rennen om hun energie een beetje kwijt te kunnen. Tot wanhoop van het de bediening die hier maar tussendoor moet laveren.

En Oud en Nieuw vind ik ook een verschrikking. Vanwege wederom de verspilling van miljoenen aan vuurwerk, die in mijn ogen veel beter besteed kunnen worden, de milieuvervuiling, de gemiddeld zevenhonderd vuurwerkslachtoffers, de afgerukte ledematen, het opboksen van de mensen om toch maar het mooiste vuurwerk uit de buurt te hebben.

Ik vind het verschrikkelijk dat er zoveel dieren dagenlang in doodsangst leven. Ik kijk ontzet naar de chaos en rotzooi op de wegen, die nog weken blijven liggen. De kosten die het met zich meebrengt om dat dan ook weer op te ruimen, daar wil ik niet aan denken. Dat loopt in de miljoenen, heb ik begrepen uit een krantenartikel.

Ik heb het dus niet zo op de maand December. Maar heel hypocriet, onder druk van de massa, doe ik elk jaar mee aan deze massahysterie. Ik koop dure cadeau' s voor mijn kinderen, ik versier het huis en de tuin, zet de kerstboom op en koop vuurwerk. Ik eet me het ongans aan pepernoten, chocoladeletters en oliebollen. Ik loop braaf met de massa mee, houd mijn mening voor mezelf en draag braaf mee aan de consumptiemaatschappij. Een echte schijnheilige.

Na 31 december ga ik dan weer elf maanden op dieet. In alle opzichten. Als een soort boetedoening.

44. Joggen

Terwijl ik probeer te verzinnen waarom dit ook al weer zo'n goed idee leek, ben ik op zoek naar een outfit die er een beetje sportief uitziet. Bij gebrek aan joggingbroeken en bij gebrek aan gebruinde, gespierde benen, pak ik uiteindelijk een lange pyjamabroek uit de kast die met een beetje fantasie kan doorgaan voor een joggingbroek. Een T-shirt van mijn man voldoet als oversized sweatshirt die mijn, voor mijn gevoel althans, vormeloze kont aan het zicht onttrekt.

Dan op zoek naar sportschoenen. Het is al eeuwen geleden dat ik voor het laatst heb hardgelopen, maar ik weet zeker dat ik ze heb. Ergens. Nadat ik mijn hele klerenkast overhoop heb gehaald en ook de hele zolderberging heb leeg getrokken, heb ik mijn broodnodige work-out allang gehad, maar ik heb ze gevonden en dender buiten adem de trappen af.

Beneden aangekomen probeer ik de schoenen, maar alle soepelheid is in de loop der jaren verdwenen. Het is alsof ik houten schoenen wil aantrekken. Aangezien mijn partner-in-deze-onzin mij over een klein uurtje al komt halen, denk ik in paniek aan wat ik kan doen om dit probleem op te lossen.

Ik heb ooit iets gehoord over natte proppen krantenpapier in schoenen, maar de tijd is beperkt, dus ik mik de schoenen in de gootsteen en laat deze vollopen met warm (waarom warm weet ik eigenlijk ook niet, maar dat voelt gewoon logisch) water en begin te kneden. Na een tijdje lijkt er inderdaad wat beweging in te komen, dus ik haal ze uit het water en ik droog ze af met een handdoek.

Vervolgens trek ik ze aan en drentel rondjes door het huis en de trappen op en af. Tegen de tijd dat de deurbel gaat, heb ik het gevoel dat de schoenen inderdaad weer elastisch genoeg zijn om hun volgende uitdaging uit te gaan. Al is het feit dat ik zeiknatte sokken en voeten heb, ietwat ergerlijk. Ik voel mijn voeten al rimpelen als rozijntjes. Maar goed, dat zien we straks wel weer.

Stralend staat mijn vriendin voor de deur. Rode blosjes, één en al enthousiasme. We gaan joggen. Ik moet toegeven dat ik joggen associeer met middelbare vrouwen, die al sloffend naast elkaar de laatste smeuïge roddels met elkaar doornemen. Die haal ik, al wandelend met de hond regelmatig in, in het park. Ik verbaas me altijd over de kunst om zo langzaam te doen alsof je hardloopt. Dat ik inmiddels zelf ook tot die categorie behoor, ik rook als een ketter en al meer dan tien jaar niet aan sport heb gedaan, probeer ik krampachtig niet tot mijn bewustzijn te laten doordringen. Ik bevind mij nog in de ontkenningsfase.

Maar, onder het mom van dat het goed is voor mijn gezondheid, heb ik mij laten verleiden om ook eens een poging te wagen.

Na vijftig meter is al duidelijk dat mijn beeld daarvan niet strookt met die van mijn vriendin. Ik loop inmiddels al veertig meter op haar voor en vragend kijk ik achterom naar mijn vriendin die dubbel ligt van het lachen en met haar hoofd tussen haar knieën in een halve spagaat roept: 'Ik pies in mijn broek!! Ik had al voorspeld dat het zo zou gaan!' Hikkend van de lach probeert ze zich staande te houden, terwijl ik een beetje schaapachtig naar haar terugloop.

Het schijnt dat ze het er met een andere

vriendin al over gehad had dat ze met mij zou gaan joggen. Beiden waren tot de conclusie gekomen dat ik waarschijnlijk een heel ander beeld zou hebben van joggen dan zij. Dommig sta ik erbij terwijl ze me uitlegt dat we gaan joggen, rustig opbouwen, niet te snel, we willen ten slotte niet moe worden toch?

In het kader en ter ere van onze vriendschap volg ik haar instructies het komende uur minutieus op. Tussen de bedrijven door nemen we alle wetenswaardigheden, pijntjes, gelukjes en hilariteit van de afgelopen week met elkaar door. En warempel: bezweet en voldaan, met rode koontjes en borrelend van de energie komen we twee uur later weer bij mijn huis aan. Joggen staat gelijk aan gezelligheid! Joggen doet een mens goed!

Inmiddels is dit een zeer welkome wekelijkse aangelegenheid waar ik reikhalzend naar uitkijk. Ik versnel nog steeds wel mijn pas wanneer ik mensen tegenkom, ik kan het gewoon niet helpen, ik móet de illusie in stand houden dat ik nog steeds over een goede conditie beschik. Het gekke is, dat dit steeds minder voorkomt. Het tempo gaat langzamerhand omhoog. Voor je het weet hoef ik de schijn niet meer op te houden!

174

45. Aqua-Combat

Ik baal als een stekker. Heb ik eindelijk iets gevonden wat ik incidenteel kan doen, zonder aan een maandabonnement vast te zitten en ken ik ook nog eens iemand die me de eerste keer wegwijs kan maken, is zij verhinderd. Dus zal ik, als ik toch heen wil, alleen moeten gaan.

Ik ben nou eenmaal niet zo'n held. Ik vind het spannend om voor de eerste keer ergens heen te gaan. Of het nou een onbekende winkel of stad is, of voor de eerste keer bij iemand op de koffie, laat staan voor de eerste keer naar een les Aqua Combat in het zwembad, waar ik niemand ken, behalve de instructrice. Dat is niet altijd zo geweest, maar ergens onderweg ben ik die bravoure kwijt geraakt.

Het begint vanavond om half negen. Het is zeven uur. De kinderen liggen op bed. Ik maak mijn man gek met mijn gedrentel en met mijn gezever of ik nou wel of niet zal gaan. 'Of je gaat wel, óf je gaat niet. Maar houd alsjeblieft op met dat zenuwachtige gezeur! Make up your mind!'

Aan hém heb ik nu dus even niets. Ik zet mijn trots opzij en tik driftig een berichtje op mijn telefoon aan diegene die in eerste instantie met me mee zou gaan. Een spervuur van vragen schiet ik op haar af, in de hoop dat ze het snel gaat lezen. Waar moet ik heen, waar moet ik me melden, hoe zit dat met betalen, welke kleedkamer moet ik hebben, moet ik mijn zwemkleding alvast aan hebben of doet iedereen die daar pas aan? (Ik heb natuurlijk geen zin om als enige in mijn totale blootje te staan. Stel je voor zeg.)

Gelukkig leest ze al snel mijn berichtje en begrijpt ze precies hoe ik me voel en legt alles tot in detail aan me uit. Tot waar ik mijn handdoek moet ophangen. De lieverd.

Bij het zwembad aangekomen, weet ik door haar instructies, als een vaste klant, feilloos de weg te vinden. De anderen beginnen gelijk een vriendelijk kletspraatje en lijken mij heel sympathiek. Het beruchte etalageraam van het zwembad is leeg, dus ook dát is een hele geruststelling. Vanavond geen aapjeskijkers.

Ik duik in het water en zwem een paar keer op en neer. De instructrice arriveert ook, dus we kunnen aan de slag. Zij vertelt me nog even dat alle oefeningen met de armen en benen, onder water gedaan moeten worden. Dus braaf spreid ik mijn benen ietsjes, zodat ook ík tot mijn schouders onder water kom te staan. Ik ben tenslotte niet één van de kleinsten.

Een lekker uptempo muziekje wordt op gezet en de Combat kan beginnen.

Ik kan jullie vertellen; het líjkt simpeler dan het is. Ik heb nooit aan dit soort dingen meegedaan en ook niet aan Zumba of Kicking-it of wat dan ook, dus dat helpt natuurlijk niet. Maar om de oefeningen dan ook nog onder water te doen, met de weerstand van het water om de oefeningen te verzwaren?!

Energiek en vol vuur doet de instructrice op de kant de oefeningen voor en als een brave leerling probeer ik de oefeningen in het water precies zo na te doen. Mijn motoriek is niet de beste en ik verlies dan ook herhaaldelijk mijn evenwicht, al helemaal als blijkt dat ik uiteraard precies de verkeerde plek heb uitgezocht. Een meter van de plek waar ik sta, verdwijnt de bodem de diepte in, dus als ik net iets te ver naar links stap, kieper ik zo de diepte in. Maaiend met mijn armen probeer ik dan weer op mijn plek te komen en zo soepel als het maar kan de oefeningen weer op te pakken.

Als ik steels om mij heen kijk, merk ik dat ik niet de enige ben die soms worstelt tegen het water, dus ietwat minder beschaamd vecht ik verder.

De instructrice roept enthousiast: 'Tandje erbij dames!' Zij kan makkelijk lullen, daar op het droge, maar vooruit, we zetten de versnelling nog wat hoger. We maaien, duwen en trappen het water weg, een waar gevecht met het water. Goed gekozen die naam!

Al met al is het heerlijk om te doen. Heel inspannend, zonder gelijk aan de kook te raken, doordat je in het koele water staat. Alle spieren zijn aangenaam warm.

Wanneer ik later thuis op de bank zit, gloei ik nog lekker na. Ik open een Radler en proost op mezelf: gevecht tegen het water, maar vooral met mijn onzekere zelf, vandaag in ieder geval met glans doorstaan!

46. Zwembad

Terwijl ik mezelf door de toegangshekjes worstel met mijn tassen en de jassen van de kinderen die ze ergens onderweg hebben uitgetrokken en klem blijf zitten, omdat één van de tassen tussen van die draai-ding-gevallen blijft haken, terwijl ik goochel met mijn portemonnee en de toegangskaartjes, die ik ook nog tussen mijn vingers heb, terwijl ik roep naar mijn Oost-Indisch dove kinderen dat ze even moeten wachten, rennen de kinderen al de hoek om, beiden op zoek naar het grootste verkleedhokje.

Op de één of andere manier, ben ik altijd bang, dat het geruststellende groene lampje van het toegangshekje, na verloop van tijd weer op rood springt en dat ik er dan niet meer in of uit kan. En dat het ding dan ook nog op tilt slaat. Sta je dan. Klem in het toegangspoortje. De toestand die dan ontstaat. De mensen die ingeschakeld moeten worden om me te 'redden'. De rijen die ontstaan, doordat niemand er meer in of uit kan, omdat een of andere muts vast is komen te zitten in dat ding. De meewarige, maar vooral geamuseerde blikken van de rest van de ramp-toeristen.

Met een ruk lukt het me om mijn tas los te trekken en opgelucht haast ik me achter de kinderen aan. Die zijn nergens te bekennen. Het is een wirwar van gangen met pashokjes, dus geen idee waar ik moet beginnen. Dan maar roepen. Vanuit twee verschillende richtingen komen de stemmen van mijn kinderen mij tegemoet, blij roepend dat ze al een hokje gevonden hebben. 'Ga ons maar zoeken mama! We hebben ons verstopt!'

Fijn. Fantastisch. Ik kan moeilijk aan alle dichte hokjes gaan rammelen, bovendien hebben we hier geen tijd voor, de zwemles van mijn zoon begint zo, dus ik steven naar het dichtstbijzijnde familiehokje en roep dat de kinderen als de gesmeerde bliksem naar me toe moeten komen, omdat we anders veel te laat zijn voor de zwemles. Het duurt even, maar uiteindelijk hebben ze, door middel van mijn stemgeluid de richting bepalend, het kleedhokje gevonden.

Als we ons omgekleed hebben, proberen we onze kleren zo goed en zo kwaad als dat gaat in de tassen te proppen. Een bikini of een zwembroek neemt nou éénmaal veel minder ruimte in dan een complete set kleding. Met elk een paar schoenen in de hand, een handdoek op de arm, een bal onder mijn oksel, de jassen in een wurggreep onder mijn andere arm, de tassen in mijn andere hand en een euromuntje voor het kluisje tussen mijn tanden, stuiteren we de gang op. Op zoek naar het allergrootste kluisje, want mama heeft maar één euromunt in de portemonnee.

Nadat we daarin geslaagd zijn, haasten we ons naar de ingang van de " Dome": een gigantische koepel van glas waaronder zich het zwembad bevindt. Ik kan het niet helpen, maar nu ik het schild van handdoeken, tassen en jassen kwijt ben en ik in het volle daglicht sta in mijn bijna-niksie, voel ik me zoals altijd lichtelijk opgelaten. Ik ben me bewust van mijn lichaam en alles wat daaraan mankeert. Bovendien verkeer ik nou eenmaal niet dagelijks in het gezelschap van schaars geklede, vreemde mensen. Nog erger: bekende mensen. Mensen van school, de buren, de tandarts, de winkelbediende, de garagemonteur. Mensen waarbij ik er normaal gesproken niet over zou Piekeren om me zo bloot te laten zien. Laat staan dat ik er op zit te wachten om hén zo bloot te zien.

(Voordat diegenen die me kennen nu luidkeels in protest schieten: Ja, ik ben slank, heb best een goed figuur, heb niets te klagen, het kan allemaal veel erger, etc., bla, bla, bla. Maar dat betekent niet dat ik niet onzeker kan zijn over mijn lichaam. Over de spatadertjes op mijn benen, over de cellulitis die zich ook bij mij heeft gemanifesteerd, over de zwangerschapsstriemen op mijn heupen, over mijn kleine borsten, over de paar zwarte haartjes die mijn onderbenen sieren, over de blauwe plek op mijn knie of over de uitgroei in mijn geblondeerde haar die in het water veel meer opvalt.)

Wanneer ik mijn zoontje veilig in het lesbad heb afgeleverd stuiven mijn dochter en ik het golfslagbad in. Mijn dochter omdat zij weet dat binnen een paar minuten de golven gaan beginnen en ik omdat ik me dan kan verbergen in het verhullende water. Al snel ben ik mijn schaamte vergeten en ben ik samen met mijn dochter weer kind. We bedwingen de golven, fantaseren dat we zeemeerminnen zijn, gooien de bal over, doen baltikkertje, zwemmen zo ver als we kunnen onder water, doen handstand in het water, proberen met elkaar te praten onder water, roetsjen van de glijbaan, waar ook ik de randjes van mijn broekje terug duw, zodat ik op mijn blote billen de glijbaan afga, want dat gaat ten slotte veel sneller, houden het water bij de ingang van de glijbaan tegen met ons lichaam, zodat het nóg veel sneller gaat en gaan een kijkje nemen bij de bubbelbaden of er plek is.

In de meeste gevallen is dat niet zo, maar deze keer, wonder boven wonder zien we dat één van de twee baden op twee vrouwen met elk een baby na, helemaal leeg is. Zonder na te denken storten we ons in dat hete bubbelbad en gaan zitten. Ik kijk vertederd naar de baby's in hun zwemluiers en dán pas begint het me te dagen. Vandaar dat dit bubbelbad zo verlaten is. Ik probeer uit alle macht het beeld van zich vrijelijk ontlastende baby's uit mijn hoofd te zetten, maar faal jammerlijk. Ik vind er niks ontspannends meer aan en lok mijn dochter met een smoes over de wildwaterbaan het bubbelbad uit.

Ik vind die wildwaterbaan doodeng, kom er altijd bont en blauw uit en blijf altijd enorm charmant met mijn kont de lucht in stekend, vastzitten achter één van de barrières tussen de verschillende fases van de wildwaterbaan. Terwijl ik probeer mijn dochter bij te houden, die zonder angst en dolenthousiast die baan af snelt, voel ik mijn bikini verschuiven, maar ik heb geen tijd dit te fatsoeneren, dus met een ontblote borst donder ik de eindkolk in. Terwijl ik die, al draaiend in de draaikolk, weer in mijn bikini pruts, vis ik mijn dochter met bonzend hart uit het water en worstel mezelf en haar naar de trap.

Ik probeer niet te denken aan de camera's die overal bij de baan hangen en aan de mensen die achter de beeldschermen mijn lijdensweg hebben kunnen volgen. Zo waardig mogelijk hijs ik mezelf de trap op en stel voor om weer eens het golfslagbad te gaan bezoeken. Gelukkig heeft mijn dochter daar ook wel zin in, dus ik kan me weer even verbergen in de relatieve anonimiteit van het water.

Wanneer ik mijn zoon weer kan ophalen van de les, spetter en spatter ik plichtsgetrouw nog even verder, maar heb ik eigenlijk mijn portie wel gehad. En dan te bedenken dat ik over twee dagen weer mag gaan zwemmen... Halleluja!

47. Nachtmerrie

Ze lacht en zwaait uitbundig naar me terwijl ze van de wildwaterbaan roetsjt. Ik loop aan de buitenkant mee en geniet van haar enthousiasme.

Mijn dochter wilde een keertje alleen van de wildwaterbaan. Maar dat bord bij de ingang van de wildwaterbaan staat er niet voor niets. Kinderen onder de twaalf jaar: alleen met begeleiding. Dat niemand zich daaraan houdt, dat zal wel, maar er is vast een goede reden voor dat bord.

Eigenlijk laat ik de teugels nooit los in het zwembad. Ook daarbuiten niet zo snel. Ik houd haar het liefste bij mij in de buurt. Zodat, wanneer het nodig is, ik kan ingrijpen. De regels voor het buitenspelen zijn streng en de straal om het huis waarin ze mag komen is klein. Veel strenger en kleiner dan voor de meeste kinderen uit onze buurt.

Ik snap dat dit voor haar soms oneerlijk aanvoelt. Maar ik loop liever geen risico. Ze is een dromer, snel afgeleid, vaak compleet opgaand in haar spel, zodat ze zich niet bewust meer is van haar omgeving. Bovendien ziet ze geen gevaar. Niet in de buitenwereld, maar ook niet in wat ze aan het doen is.

Ik begrijp óók dat het goed voor haar zelfvertrouwen is, als ik die teugels soms wat laat vieren. Haar vriendinnetje is er ook en mag ook alleen. Ik wil niet weer de boeman zijn, bovendien heeft ze haar zwemdiploma A en B. Ik kan vanaf de buitenkant grotendeels de wildwaterbaan volgen, wanneer nodig zelfs de baan op springen, dus ik heb over mijn hart gestreken en haar alleen laten gaan.

Ze glijdt in de laatste poel en cirkelt rond in de sterke stroming. Ze steekt blij haar duim naar me omhoog en maakt zich klaar om naar de kant te zwemmen. Ze is er bijna. Wanneer ze haar arm uitstrekt om het trapje vast te pakken, wordt ze plotseling weer naar achteren getrokken door de draaikolk, die ontstaat door de sterke stroming van het water, dat weer uit de poel gezogen wordt om weer naar het begin van de wildwaterbaan gepompt te worden. Ze gaat kopje onder en komt even later weer naar boven. Ze hapt naar adem en het water loopt uit haar neus en mond. Ze kijkt verwilderd, verschrikt om zich heen om zich te oriënteren. Dan wordt ze weer onder water getrokken en haar lichaampje cirkelt traag rond in de draaikolk. Ze draait zich onder water om, zodat ik haar gezicht kan zien. Ze kijkt me aan, terwijl haar ogen stille wanhoop uitgillen. Haar mond half open en haar handen naar me uitgestrekt.

Het is ineens doodstil. Ik kan me niet verroeren. Ik sta daar maar. Niet in staat me te bewegen, niet in staat om te roepen. Ik voel mijn hart tekeer gaan en voel het bloed pompen door mijn aderen. Mijn vingers beginnen te tintelen en het wordt even zwart voor mijn ogen. Ik merk dat mijn lichaam zich verzet tegen de stress en van plan is om zichzelf uit te schakelen door me flauw te laten vallen. Wanhopig probeer ik bij bewustzijn te blijven en mijn lichaam in beweging te krijgen. Ik kijk machteloos naar mijn dochter die naar de bodem zinkt.

Dan ineens is de betovering gebroken en ik spring het water in. Om vervolgens kletsnat van het zweet wakker te worden in mijn bed. Teugels loslaten? Ik dacht het maar niet.

48. Bolletje wol

Nevel ligt als een sluier over het park. Mijn hond schiet er doorheen en laat flarden mist wervelen in haar kielzog. Het is zó vochtig dat ik de fijne druppeltjes van de mist voel op mijn gezicht. Het is vroeg, zondagochtend, dus het is stil. Heel stil. Het enige wat je hoort is, in de verte het gedempte geraas op de autoweg. Dat stopt nooit.

Ik vergaap me aan de honderden met diamantjes bedekte spinnenwebben in de struiken. Waar ze anders bijna onzichtbaar zijn, flonkeren ze je nu overal tegemoet. In de verte zie ik het kanaal liggen. Een dikke sluier damp legt een deken over het water. Net alsof er een langgerekte strook watten op ligt.

Ik fluit en mijn hond komt met een giga-snelheid aangerend. Haar zwarte vacht is inmiddels al kletsnat van de dauw van het gras en ze staat me druppelend aan te kijken. Mag ze weer? Ik maak een gebaar met mijn hand en ze schiet weer weg over het gras, een iets donkerder spoor achterlatend waar ze het dauw van het gras heeft weggeveegd. Kris-kras verklappen de sporen waar ze geweest is en maken een ingewikkeld patroon op het grote grasveld.

Dan staat ze ineens stokstijf stil en heft haar kop in de lucht. Roerloos staat ze even te luisteren en sprint dan weg. Foute boel, weet ik meteen. Inmiddels ken ik haar lichaamstaal als geen ander en normaal gesproken ben ik er bijna altijd op tijd bij om haar bij de les te roepen. Nu was ik net een fractie te laat en ik weet dat ze nu niet meer terug te halen is met een fluit of een roep. Als een ongeleid projectiel gaat ze nu achter datgene aan wat haar aandacht getrokken heeft en pas wanneer ze het spoor kwijt is, of de lol eraf is, zal ze weer terugkeren.

Ik versnel mijn pas, begin te rennen en probeer haar in mijn gezichtsveld te houden. Ze verdwijnt de hoek om en verdwijnt in de bossen. Hijgend kom ik bij de hoek aan en zoek de omgeving af. Niets. Geen hond te bekennen. Ik roep en fluit en luister ondertussen of ik haar hoor ritselen ergens. Niets. Ik ben haar kwijt. Besluiteloos kijk ik om me heen. Scan de omgeving af; zie ik daar een zwarte flits in mijn ooghoek? Helaas, een merel graaft driftig tussen de bladeren, op zoek naar ongedierte.

Ik blijf rondjes lopen in het park, al roepend en fluitend. Paniek en angst borrelt in me op. Ze is zo wel eens vaker verdwenen, maar dan kwam ze meestal na vijf minuten wel weer tevoorschijn. Nu is er al een kwartier voorbij en ik begin danig ongerust te raken.

In de verte verschijnt een fietser in de mist. Ze fietst recht op me af. Ze stopt als ze bij me is en vraagt: 'Zoek je een hond?' 'Ja!' roep ik blij, denkend dat ze haar gezien heeft. Maar ze haalt vanonder haar jas een klein pluizig bolletje tevoorschijn. 'Je mag deze wel hebben, ik doe er toch niets mee' zegt ze en kijkt me vragend aan. Ik kijk haar aan alsof ze niet goed snik is, zie dan dat ze het serieus meent en doe een stapje achteruit. 'Nou, nee...' sputter ik. 'Ik zoek toch liever nog even verder naar die van mij.' Ze kijkt me met een nijdige blik aan, haalt haar schouders op en zegt: 'Dan niet, ook goed.' En fietst verder.

Ik kijk haar na terwijl ze het fietspad volgt naar het kanaal. Daar aangekomen, slingert ze het bolletje het kanaal in en fietst dan hard weg.

Het duurt even tot het tot me doordringt, maar dan begin ik te rennen. Ik stuif de dijk van het kanaal op en zoek in het water. De nevel maakt het er niet makkelijker op. Dan zie ik het water bewegen en zie het spartelende diertje boven water komen. Het peddelt met zijn pootjes, maar komt geen centimeter vooruit.

Besluiteloos sta ik daar. Ik kan er niet bij, de afstand is te groot. Ook met een stok zou ik niet eens in de buurt komen. Dan hak ik de knoop door en begin mijn kleren en schoenen uit te trekken. In mijn T-shirt en onderbroek kijk ik de oever langs naar een geschikte plek om te water te gaan. Ik moet er ook weer uit, dus ik kijk nu alvast waar dat het beste kan.

Wanneer ik een geschikte plek heb gevonden, sta ik al van top tot teen te rillen van de kou. Ik kijk naar het bolletje wol dat nog steeds, maar moeizaam boven water blijft en houd mezelf voor: Het is maar eventjes. Een paar minuutjes kou. Flink zijn.

Ik weet niet hoe diep het water is, ik kan dat niet zien, het water is overal even zwart. In één keer erin springen of me laten zakken? Ik besluit in één keer te springen, in één keer door de zure appel te bijten. Het water moet diep genoeg zijn, aangezien hier ook allemaal boten langskomen. Ik neem een aanloop en spring, met mijn armen in een driehoek voor me gekruist om te voorkomen dat ik direct kopje onder ga.

Wanneer ik in het water terechtkom is de schok van de kou gigantisch. Het beneemt me de adem en hortend en stotend hap ik naar lucht. Watertrappelend zoek ik het bolletje wol en wanneer ik het gevonden heb, nog nauwelijks boven water, begin ik te zwemmen. Kramp schiet in mijn kuit. Met mijn ene been watertrappelend en met mijn hand om mijn voet, duw ik de tenen omhoog om de kramp te verminderen. Dit werkt, maar elke keer wanneer ik de tenen weer loslaat, schiet de kramp er weer in. Worstelend probeer ik toch het bolletje wol te bereiken. Ik moet nu snel zijn, voordat de kramp ook in mijn andere been toeslaat.

Ik pak het hondje bij zijn nekvel en begin terug te zwemmen. Gitzwarte oogjes kijken me door de sliertjes doorweekt haar aan. Het blijft doodstil hangen en laat zich meeslepen in het water. Ik bereik de kant en gooi het hondje de kant op.

Dan probeer ik de rand van de oever vast te pakken, maar die is vanaf deze kant een stuk hoger dan ik dacht. Ik probeer mezelf omhoog te stuwen met mijn benen, maar door de kramp in mijn been is de kracht beperkt. Elke keer weer kom ik net tekort om houvast te krijgen aan de rand.

Met een laatste wanhopige poging lukt het uiteindelijk wel en ik blijf even bekaf hangen aan de rand. Dan trek ik mezelf moeizaam omhoog. Ik probeer mijn been ook over de rand te krijgen en wanneer dat uiteindelijk lukt, rol ik de oever op en blijf daar uitgeput liggen.

Ik begin van top tot teen onbeheersbaar te trillen. Dan ga ik zitten en zoek in het gras naar het hondje. Dat ligt een stukje verder net zo te trillen. Ik kijk om me heen, zie dat er in geen velden of wegen iemand te bekennen is en trek dan snel mijn natte T-shirt uit. Ik trek mijn longsleeve, trui en jas aan. Met nog een keer een voorzichtige blik om mij heen, trek ik mijn natte onderbroek uit en vervolgens mijn lange broek en schoenen weer aan.

Ik til het hondje op en stop het onder mijn longsleeve, tegen mijn huid aan. Dan realiseer ik me ineens dat ik nog steeds mijn eigen hond kwijt ben. Ik speur de omgeving af en probeer te fluiten, maar mijn lippen zijn zo verkleumd dat dit niet lukt. Ik besluit naar huis te gaan om eerst warm te worden en om hulptroepen in te schakelen om te gaan zoeken.

Wanneer ik de warme woonkamer inloop, zie ik mijn hond op schoot liggen bij mijn man. Ze kijkt me blij aan en roffelt met haar staart. Mijn man kijkt op en vraagt: 'Waar bleef je? Regent het soms?' Vinnig antwoord ik dat ik ben gaan zwemmen in het kanaal. Nou goed?! Maar mijn man zit alweer met zijn hoofd in de laptop en mompelt afwezig iets van een antwoord.

Wanneer ik een paar minuten later onder de hete stralen van de douche sta, met het bolletje wol, genietend van de warmte, tussen mijn voeten, laat ik het afgelopen half uur eens tot me doordringen.

Ik heb mezelf altijd afgevraagd of ik zo'n held kon zijn als het er echt op aan kwam. Of ik inderdaad tot die mensen behoorde, die zonder na te denken het water in zou springen om mensen uit een te water gegane auto te redden of een brandend huis in zou lopen om een kind te redden. Natuurlijk denk je van wel, maar denken en doen zijn vaak twee verschillende dingen. Ik ben trots op mezelf.

Ik laat het water over mijn gezicht stromen en doe dan mijn ogen open. Om tot de ontdekking te komen dat ik in bed lig. Ijlend van de koorts.

Er bekruipt me iets van teleurstelling. Nu weet ik nog niet of ik een echte held kan zijn...

49. Krankzinnig

Wanneer ik mijn ogen open, zit ik in een roei-bootje met mijn buurman en buurvrouw. Ik ben aan het roeien. Zij zitten tegenover me en hebben beiden een spuitbus in hun handen en spuiten deze leeg in de lucht. Er komt een dikke groene wolk uit, die zich lijkt te vermenigvuldigen wanneer het in aanraking komt met de buitenlucht. Voor hun voeten staan twee kratten vol met die spuitbussen.

Ze sporen me aan om voorál door te roeien, tempo graag, want de tijd is tenslotte beperkt. De scherpe walm van hun spuitbussen beneemt me de adem en laat me naar adem snakken. De walm groeit honderden meters de lucht in en laat het regenen. Geen regen zoals wij die kennen, maar een regen van muggen, vliegen, torretjes, vlinders, motten. Allemaal morsdood. Om de minuut verzucht mijn buurvrouw met een tevreden glimlach: 'Opgeruimd staat netjes!'

Hoe ben ik hier terecht gekomen? Waar bén ik in vredesnaam? Om antwoord te krijgen op die vraag kijk ik om me heen. Weilanden met koeien, riet, af en toe een paar bomen en om de paar honderd meter een huis. Het heeft iets weg van de omgeving van Giethoorn. Het is warm zomer-weer. Een knalblauwe lucht wordt her en der op-gesierd met wolkenveren.

Dan zie ik ineens, onder de als tentakels over het water uitgestrekte takken van een struik in de oever, iets wits. Ik knijp mijn ogen samen en pro-beer door de groene mist te kijken. Ik stuur de boot richting de wal. Pas als ik vlakbij ben, zie ik wat het is. Het is een wit met bruine Cocker Spaniel. Hij zit ergens aan vast met zijn kop. Als ik nog dichterbij ben, zie ik wat dat is. Een gigantische vis. Zijn enorme bek met vlijmscherpe tanden heeft zich rond de nek van de hond vastgeklemd. Machteloos spartelt de hond met zijn pootjes, maar hij kan geen kant op.

De buren beginnen te protesteren, zien niet wat ik zie en mekkeren dat ik weer naar het midden van de sloot moet roeien. Desondanks laat ik de riemen los en spring in het water. Het water is veel ondieper dan ik dacht, dus ik dreun tegen de bodem en pijnscheuten trekken door mijn knieën. Ik verbijt de pijn en waad naar de struik en probeer de vis te pakken te krijgen. Die is, door de takken van de struik, die me de doorgang belemmeren, net buiten bereik.

Ik focus op de vis, schat de afstand in en bescherm mijn ogen met mijn hand. Met gebogen hoofd en gesloten ogen achter mijn hand, duw ik de takken opzij. Ik worstel me vooruit, voel de takjes in mijn gezicht en handen schrammen. Ik blijf haken met mijn haren en ruk me los, plukjes haar achterlatend aan de takken. Ik durf even mijn ogen open te doen en zie dat ik dichtbij genoeg ben. Ik strek mijn beide handen uit en pak de vis aan de beide kieuwen vast. Ik trek hem naar me toe en manoeuvreer zijn lichaam vast tussen mijn oksel en zij. Het is een joekel. Bijna een meter groot en twee handen dik.

Met beide handen probeer ik de bek los te trekken. Uit alle macht graaf ik mijn vingers in en achter de zijkanten van de bek, in de hoop dat de vis zijn greep verslapt. De vis protesteert door met zijn glibberige lijf te gaan spartelen. Met de grootst mogelijke moeite lukt het me hem vast te blijven klemmen. De hond verroert geen vin meer.

Alsof hij weet dat zijn panische gespartel mijn pogingen om de bek los te krijgen, alleen maar be-
moeilijken.

Ik probeer de kaken open te trekken. Heel
langzaam friemel ik mijn vingers tussen de nek
van de hond en de tanden van de vis. Dan, ineens, gaat de bek heel even open en klapt dan direct weer dicht. Dit is zo onverwacht, dat mijn
hand verder de bek van de vis in schiet en nu zit
mijn hand ook vast in de bek. Mijn hand wordt
doorboord met de vlijmscherpe tanden. Ik jammer
en piep als een gek. Met mijn andere hand stomp
ik als een malloot op de kop van de vis.

Zo plotseling als net, klapt ineens de bek van
de vis weer open. Bliksemsnel trek ik mijn hand
los, grijp onderweg de vacht van de hond en trek
hem de bek uit. De vis zwiept zijn staart met een
aantal ongelofelijke klappen tegen mijn rug, ik
laat los en de vis zwemt in een kolk van opwaai-
ende modder weg. De beweginloze hond wervelt
in die stroming naar de bodem. Ik grijp de hond
weer in zijn nekvel en trek hem omhoog, het water uit. Ik druk de hond stevig tegen me aan en
kijk om me heen.

De roeiboot met de buren is verdwenen. De
groene walm ook. Het begint inmiddels al te sche-
meren. Iets verderop zie ik een stukje waar ik de
oever op kan. Zo'n honderd meter verder, na een
perfect gemillimeterd grasveld, zie ik een sterk
verlichte villa staan. Ik kruip de oever op, draai
me om en ga zitten. Ik kijk naar de hond in mijn
armen en controleer de verwondingen. Die lijken
mee te vallen. Zijn vacht heeft hem grotendeels
beschermd. Mijn hand daarentegen bloedt als een
gek.

Ik begin naar het huis lopen. Het huis baadt in

het licht. Er is zo te zien een feestje aan de gang. Vrouwen in gala en mannen in kostuum, staan her en der verspreid over een grote veranda wijn te drinken. Vanuit de openslaande deuren komen flarden muziek me tegemoet. Via een brede trap, begeef ik mij op de veranda en loop door de openslaande deuren het huis in. Zodra ik een stap over de drempel heb gezet, is het ineens doodstil. De muziek is weg en zo'n dertig mannen en vrouwen staren geschokt naar me. Druipnat, bloedend als een rund uit mijn hand, mijn gezicht onder de schrammen, staar ik terug.

Dan ineens verbreekt een vrouw de stille impasse. Op hoge, verontruste toon, vraagt ze me wat ik hier kom doen. Ik houd het hondje als een schild en als een soort zoenoffer naar voren en vraag of het hondje van hun is. Verbijsterd kijkt ze naar de kletsnatte bos haar in mijn handen. Aarzelend komt ze naar voren en kijkt nog eens wat beter. Dan knikt ze, bijna spijtig en zegt dat het inderdaad haar hond is. Ik bied haar de hond aan, maar met opgetrokken neus deinst ze achteruit. Iemand anders komt snel aanlopen en neemt het hondje van mij over.

Dan valt haar oog op de grote plas bloed op de vloer en via de gestaag vallende druppels naar mijn hand. Ik volg haar blik en vraag met bibberende stem of ze misschien een handdoek of iets dergelijks heeft. Ze wappert met haar hand en snel komt er iemand met een handdoek aanlopen. Een vieze. Geërgerd sommeert ze een nieuwe, maar ik wikkel de handdoek snel om mijn hand. Ik wil hier weg. Ik voel me totaal niet op mijn gemak.

Ik vraag of er iemand is, die mij misschien naar het ziekenhuis kan brengen. Met enige aarzeling biedt er uiteindelijk, na een pijnlijke stilte, iemand zich aan. Wanneer we samen weer teruglopen naar de openslaande deuren hoor ik de eigenaresse van de hond pinnig zeggen dat die hond maar aan de aanhangwagen vastgezet moet worden. 'Die wurg ik straks zelf wel, voor het verpesten van mijn feestje.' Ik draai me ontzet om en blijf draaien en draaien en draaien. Alles wordt zwart voor mijn ogen en ik klap op de grond.

Wanneer ik weer wakker word, is het pikdonker. Ik lig op het grasveld voor het huis, waarin het ook donker is. Alles lijkt verlaten. Verbluft realiseer ik me dat ze me niet geholpen hebben. Ze hebben me gewoon buiten neergelegd alsof ze het vuilnis buiten zetten. Ik kijk om me heen en zie de aanhangwagen. Met daaraan inderdaad de hond vastgebonden.

Ik kom overeind en wat versuft loop ik naar de aanhangwagen, maak de hond los en neem hem in mijn armen. Ik begin de oprijlaan af te lopen, die door een bos voert. Dan hoor ik ineens de stem van mijn dochter, heel in de verte. Eerst heel zachtjes, maar steeds harder. Ik scan de donkere bossen, probeer het geluid te lokaliseren, als ik met een schok een paar meter naar beneden val.

Ik open mijn ogen en kijk recht in het gezicht van mijn dochter. 'Mag ik bij jou komen liggen?' vraagt ze. Automatisch sla ik de deken terug, ze nestelt zich tegen me aan en ik sla mijn armen om haar heen. Maar het duurt nog heel lang voordat ik de droom van me af heb geschud en mijn hartslag weer normaal is. Die dromen van mij ook...

Vroeger, toen ik nog een jong meisje was, had ik altijd een schrift naast mijn bed liggen en daar schreef ik dan mijn dromen in op zodra ik wakker werd. Of alleen maar steekwoorden, zodat ik het later uit kon werken. Wat ik daar allemaal niet in beleefde!

Nu kan ik me maar sporadisch mijn dromen herinneren. Sinds kort heb ik in plaats van een schriftje naast mijn bed, mijn mobieltje naast mijn bed liggen met daarop een notitieblok-app. Tijden veranderen tenslotte. Maar de intensiteit en krankzinnigheid van mijn dromen niet!

50. Echo's

Sinds we kinderen hebben, hebben we maar een paar keer echte ruzie gehad. Begrijp me goed, we kibbelen, bekvechten en sparren er lustig op los, (tot ontzetting van sommigen) maar echte knallende ruzie? Dat hebben we niet vaak. Wanneer dat wel gebeurt, is er sprake van uitputting, zorgen of verdriet door externe factoren.

De laatste keer was onlangs. De ruzie laaide op, ging over niets en is uiteindelijk een onbeholpen manier om stoom af te blazen. Dit keer liep het zo hoog op dat onze dochter van zeven, die boven in bed lag er wat van meekreeg. In tranen vroeg mijn dochter boven aan de trap, of we dan nu gingen scheiden.

Niets werkt zo ontwapenend als een kind in tranen. We haastten ons haar gerust te stellen en kroelden haar samen in slaap. En we realiseerden ons hoeveel onze kinderen meekrijgen. Niet zozeer deze ruzie van ons, maar bijvoorbeeld ook de verhalen van kinderen van gescheiden ouders. De onmacht en het verdriet van deze kinderen die verscheurd worden door hun loyaliteit aan hun beide ouders, die echoot in hun hoofd, jaagt ze schrik aan, maakt indruk. Zo klein als ze zijn, is dit schijnbaar onderwerp van gesprek voor deze kinderen. Daar gaat ons hart van bloeden. Het lijkt wel alsof kinderen steeds minder lang kind zijn en met dingen bezig zijn, die hun leeftijd ver te boven gaan.

Wanneer de volgende dag de wekker gaat, komt onze dochter bij ons bed staan en vraagt of we nu écht weer vriendjes zijn. 'Natuurlijk!' zeg ik lachend, 'Jij hebt toch ook wel eens ruzie met je broertje!?' Ik trek haar bij me in bed en dicht tegen me aan. Dan zegt ze: 'Mama, het geeft niets hoor. Jullie hadden gewoon een slechte dag. Dat heeft iedereen wel eens. Zelfs ik. Dan ben ik boos op alles en iedereen en is niets goed. Dan heb ik gewoon een extra knuffel nodig.' Ze slaat haar armpjes om me heen en knijpt me fijn. Weer hoor ik de echo, dit keer van mezelf, wanneer ik haar troost wanneer zij eens een off-day heeft.

Als de kinderen die middag op de speelzolder spelen en ik naar boven kom met de was, hoor ik ze praten. Ze spelen een rollenspel met elkaar. De een is papa en de ander is mama en ze hebben ruzie. Ik ga halverwege de trap staan en luister naar de echo van onze ruzie van gisteravond. Uit hun monden klinkt onze ruzie banaal, komisch en belachelijk. Uiteindelijk zegt mijn dochter tegen mijn zoontje: 'Dat ik boos op je ben, betekent niet dat ik je niet lief vind of niet van je houd. Je bent mijn schat, mijn alles, ik vind het alleen niet leuk wat je net gezegd hebt.' Woorden die ik al heel vaak tegen de kinderen gezegd heb. Wederom een echo. Woorden die ik gisteravond echter niet tegen mijn man heb gezegd.

Wanneer mijn man thuis komt van zijn werk, kruip ik diep in zijn armen en fluister deze woorden alsnog in zijn oren. 'Je haalt me de woorden uit de mond' zegt hij.

Tevreden en met de armen over elkaar staat onze dochter naar ons te kijken. 'Was dat nou zo moeilijk?!' sneert ze en huppelt de kamer weer uit. Nog zo'n zinnetje waarmee ik de kinderen vaak om de oren sla.

Hoewel ik me dikwijls afvraag of ik het allemaal wel goed doe met de kinderen, zijn het juist dit soort echo's die me daarin bevestigen.

51. Water naar de zee dragen

Dinsdagochtend. De kinderen zijn naar school. Ik begin vandaag op de eerste verdieping: Ik maak de bedden op en zet de ramen wijd open. Zet overal de lampen uit, die ik net toch écht al eerder uit had gedaan. Ruim de haarelastiekjes die overal verspreid liggen weer in het elastiekendoosje. Leg de borstel, die ik in bed vind, weer op de plek waar hij hoort; in de badkamer.

Daar vertelt mijn neus mij iets en ik trek de wc door, waar een dampende boodschap is achtergelaten. Ik hang de over de badkamervloer verspreide handdoeken netjes over de beugels. Ik draai de nog druppende kraan stevig dicht. Ik vind een tandenborstel op de vensterbank, zie daar dan ook dat er op de ramen geblazen en getekend is met vingers en maak een mental note dat ik die ramen moet wassen. Ik vind een tandenborstel in het bad, als ook een pantoffel van mijn zoontje en een autootje. De pantoffel zet ik naast de andere onder het bed en het autootje zet ik op de trap naar de zolder om later mee te nemen naar de speelzolder.

Terug naar de badkamer. Ik poets de gemorste tandpasta van de wastafel. Ik verzamel de pyjama's, waarvan gedeeltes verspreid liggen in de badkamer, de hal en de slaapkamers. Ik mis alleen nog de pyjamabroek van mijn zoontje. Nergens te bekennen.

Wanneer ik een kijkje neem in de klerenkast van mijn dochter, zie ik dat de kleren weer schots en scheef op de planken liggen, doordat er van alles en nog wat tussenuit is getrokken. Ik fatsoeneer de kast en schuif gelijk de kleren die afgekeurd zijn tijdens de dagelijkse wat-zal-ik-eens-aantrekken-vraag-van-vandaag en die verspreid over de vloer liggen ook weer in de kast. Ik had gisteravond toch écht kleren klaar gelegd?!

Ik ruim de boeken, die op het bureau liggen (leest ze nou echt uit zes boeken tegelijk?!) op in de boekenkast, zie daar dat hier hetzelfde probleem heerst als in de klerenkast, dus ik fatsoeneer de boeken weer netjes rechtop, met de ruggen naar voren in de kast. Terwijl ik dat doe, komt er achter die boeken een bekertje tevoorschijn met een plastic zakje en wat water. Nadere inspectie maakt duidelijk dat het kattenbrokjes zijn, gedrenkt in water.

Dat hadden ze al eerder geflikt, de brokjes werden dan groter en dat was A: geweldig om te zien en B: vast veel lekkerder en zachter voor de poezen. Waarom dat dan A: ondanks mijn foeteren van de vorige keer toch weer opnieuw gedaan is en B: verstopt wordt achter de boeken in de boekenkast?

Ook vind ik een briefje, netjes opgevouwen, waarop in kinderlijk geschreven letters de naam van een geëmigreerd vriendinnetje staat en de woorden: 'Ik mis je zo.' Meer niet. Ik leg het briefje terug waar het lag en besluit dat er hoognodig een échte brief geschreven moet worden.

Dan haast ik me terug naar de pantoffels van mijn zoontje, want ineens dringt tot me door dat ik daarachter iets had zien liggen dat daar niet thuis hoorde, maar wat ik tijdelijk genegeerd had. Ik duik onder het bed en zie daar inderdaad een batterij liggen. Als ook een aantal stenen uit de stenenverzameling van mijn zoontje. Ik verzamel de stenen en wil deze weer in de sorteerbakjes doen en vind daar een tweede batterij. Ik speur om me heen: waar horen die batterijen in? Het duurt even, maar dan zie ik dat het kapje van het nachtlichtje, dat op het hoofdeinde van het bed zit vastgeplakt, eraf is. Daar horen drie batterijen in, dus ik mis er nog eentje. Bovendien mis ik nog het kapje. Ik frummel de twee batterijen er alvast in en ga op zoek naar de ontbrekende onderdelen. De batterij kan ik niet vinden. Het kapje vind ik in het laatje van het bureautje.

Terwijl ik op zoek ben naar de batterij, ontdek ik dat er een heel lichte bobbel onder het vloerkleed zit, dus deze sla ik opzij en daar vind ik de grote familiefoto, netjes in de hoes, met daarop afgebeeld Oerbeppe, Beppe, Pake, wij, de kinderen en alle kleinkinderen. Zowel Oerbeppe als Beppe zijn er sinds kort niet meer, dus ik begin te huilen en ga zitten op het bed van mijn zoontje.

Na een tijdje vraag ik mij af waarom die daar ligt, wat dat betekent, hoe zijn mijn kinderen daar mee bezig en maak een mental note. Daar moet over gesproken worden. Ik zet de foto terug waar hij hoort. De ontbrekende batterij laat ik even voor wat het is.

Ik sjouw de overvolle wasmand naar beneden, discussieer met mezelf of het niet eens tijd wordt om de kinderen niet meer in de modder te laten spelen, besluit vrijwel direct dat daar nog tijd genoeg voor is, ze zijn maar één keer kind, er komt vanzelf een moment dat ze zélf niet meer in de modder willen spelen en vul nog maar weer eens gelaten de wasmachine.

Terwijl ik zorgvuldig de zakken van de broeken controleer, vind ik een knikker, een kastanje, een verdroogde regenworm, een 5 eurocent, een onbekend haarknipje, een handvol stenen in allerlei soorten en maten en de ontbrekende batterij.

Ik mieter de regenworm in de vijver; lekker hapje voor de koi, de kastanje in de vaas met de verzameling kastanjes en eikels, de 5 eurocent in een spaarpot, de knikker, de stenen en de batterij leg ik op de trap, om straks mee naar boven te nemen en het haarknipje op de tafel, om straks te vragen aan de kinderen van wie die is.

Dan ruim ik de ontbijttrommel op, erger me nog eens aan de korstjes die zijn blijven liggen, maak een mental note daar strenger in te gaan worden en begin dan de hutten, die in de tien minuten tijd die over waren, voordat ze naar school gingen, vakkundig gebouwd zijn. Ik leg de kussens weer in de stoelen, vouw de kleden op en leg ze op hun plek, vind onderweg nog wat verloren strijkkralen, play-mais en een papieren vliegtuigje.

Ik kijk op de klok, schrik me het lamlazerus, haal snel de riem van de hond tevoorschijn, trek mijn jas aan en stap naar buiten. Onderweg naar de tuinpoort registreer ik de steps die weer eens in de regen liggen, de blader- en moddersoep die op de rand van de vijver staat en het feit dat de emmertjes, schepjes, zeefjes, frisbees, ballen en graafautootjes weer verspreid liggen over de tuin.

Ik haal diep adem en kijk mijn hond aan, die enthousiast staat te wiebelen. Die schat neemt me nooit iets kwalijk en is altíjd begripvol. Het is half tien en we zijn er aan toe. Tijd om een vrije neus te halen.

Als ik na een heerlijke verfrissende trip door de herfstige miezerregen weer thuiskom en besluit via de voordeur naar binnen te gaan, valt mijn oog op de opgedroogde moddersporen in de gang, de bomvolle kapstok met jassen die zowat uit zijn pluggen gerukt wordt, de kist met handschoenen, sjaals en regenpakken, die als een ontplofte aardappel zijn ingewanden in de vorm van sjaals en her en der neergeflikkerde handschoenen laat zien, zinkt de zojuist herwonnen moed me in de schoenen. Waarom zou ik nog?!

Elke dag opnieuw groeit mijn respect, waardering en bewondering voor míjn ouders. Pas toen ik zelf kinderen kreeg, heb ik me gerealiseerd wat dat inhoudt. Bovendien, ben ik me bewust dat het ergste misschien nog moet komen.

Mama, Papa. Met terugwerkende kracht: diepe buiging.

52. Balans

Een bijna dagelijks dilemma. Of het nu gaat om toekomstplannen, beslissingen over onze kinderen, die arme thuisloze hond, kat, konijn, cavia, vogel een thuis bieden, of op een veel kleinere schaal; de beslissing om een jurkje aan te trekken, omdat je de lente in je bol hebt, maar het toch net een tikkie te koud is, of wanneer je ineens een onbeheersbare zin hebt om een zak snoep in een half uur weg te kanen, of je haar paars te verven. Of, om maar eens wat te noemen, weer iets erger; wanneer je in een opwelling besluit een belachelijk dure vakantie te boeken en ook maar direct het volle bedrag te betalen ongeveer een jaar van te voren...

Er was een tijd dat ik het gevoel altijd de overhand liet nemen, in zeven sloten tegelijk sprong, alle verleidingen met volle teugen tot mij nam en risico's en de bijbehorende kicks met wijde armen verwelkomde. Niet nadacht over gevolgen, consequenties en rimpeleffecten van mijn daden en opwellingen.

Na een aantal keren op een bijna bewonderenswaardige manier zo hard en diep te vallen, dat ik het binnenste van de aarde zag en er geen plekje op mijn lichaam en ziel was die niet onder de (brand-)blaren zat, kwam er van de ene op de dag verandering in en maakte ik een draai van 360 graden en dacht ik over elk klein detail tot in den treuren na, met als uiteindelijke resultaat dat ik maar niets meer deed. Want de lijstjes met de plusjes en minnetjes bleven zich maar vullen. Die waren nooit af.

Inmiddels, heb ik daar een soort van balans in

gevonden. Met hulp van mijn partner natuurlijk. Wanneer mijn impulsieve natuur de overhand dreigt te krijgen trapt hij op de rem en andersom; wanneer hij de neiging heeft om op hol te slaan, dan trek ik de noodrem aan. Gelukkige gebeurt het maar sporadisch dat wij beiden tegelijkertijd ons verstand verliezen, dus dat is dan weer uiterst handig. En, af en toe, laten we elkaar de controle verliezen en iets geks doen, gewoon vanwege de goede, oude tijd.

Het blijft lastig om niet op je impulsen, instinct en gevoel te varen. Ik vind het zelfs op een bepaalde manier, een verraad aan mezelf. Ik heb altijd geweigerd om uit te gaan van het slechte in mensen, maar de ervaring heeft mij geleerd dat dit nodig is. Ik wilde gewoon niet zo denken. Ik wilde niet dat het realisme mijn wereldbeeld, (goed oké, mijn sprookjesbeeld van de wereld) zou bezoedelen.

Dit veranderde pas écht toen ik kinderen kreeg. Ik was niet alleen verantwoordelijk voor mezelf, maar ook voor onze kinderen. En die verantwoordelijkheid weegt zwaar en verandert alles. Het is zelfs zo dat ik in dubio ben over het wijzer maken van mijn kinderen van acht en vijf. Moet ik ze nu al de schellen van de ogen laten vallen? Moet ik ze nu al bang maken voor de gevaren van de wereld en de mensen die daarin leven? Met een schrijnend hart doe ik dat wel. Beetje bij beetje pak ik hun zorgeloosheid, hun sprookjeswereld, hun naïviteit van hun af. Eeuwig zonde.

Wanneer wij alles door de ogen van een jong kind zouden kunnen zien, dan zou het allemaal niet zo moeilijk zijn denk ik. Maar kinderen worden groot. Tot mijn grote verdriet.

53. Jaloers

Bij tijd en wijle ben ik stikjaloers op mijn kinderen. En denk ik met weemoed terug aan mijn eigen kindertijd. De onbevangenheid, de ongeremdheid en de echtheid waarmee ze de wereld zonder initiële angst tegemoet treden en zien, is er bij ons volwassenen langzamerhand uit gesleten. Door normen en waarden, ongeschreven regels over hoe iemand zich hoort te gedragen, de druk van de massa en de ervaringen die we hebben opgedaan in de loop van ons leven, zijn we afgestompt, murw, voorzichtig geworden.

De manier waarop kinderen hun liefde, maar ook hun boosheid of verdriet kunnen uiten, zonder na te denken, zonder reserve is zo echt! De knuffels en kusjes aan diegenen die ze lief vinden en het totaal negeren van degenen die ze niet mogen, ongeacht hun sekse, leeftijd, huidskleur of sociale achtergrond. Het gemak waarmee ze vriendschappen sluiten, maar ook afsluiten.

Hoe vaak wil ik niet iemand een knuffel of een kus geven, maar doe ik dat niet, uit angst dat dit verkeerd begrepen wordt. Hoe vaak glimlach je, terwijl je inwendig denkt: Ik vind je niet lief!

Wanneer we alles wat we (denken te) weten los zouden kunnen laten, hoeveel vriendschappen zouden er dan verloren gaan en hoeveel vriendschappen zouden er dan juist ontstaan?

Nog zoiets waar ik jaloers op ben; hoe heerlijk kunnen kinderen in de modder of in het water spelen, zonder zich druk te maken, over hun kleren of hun uiterlijk of hoe ze overkomen. Af en toe laat ik de remmen los en ga ik met de kinderen radslagen doen in het park, heb een watergevecht, klim in bomen, ga slootje springen en wijk van de paden af in het bos. Ik probeer het echt, maar ik ben me altijd bewust van 'men' en natuurlijk ook van de wetenschap van wat er allemaal mis kan gaan.

Ik zit op de bank en fantaseer over een wereld waarin de volwassenen (daar val ik dus zelf ook onder) zich net zo ECHT zouden gedragen als onze kinderen. Het zou de wereld er een stuk mooier op maken!

Hoewel... Ik geloof ook dat het tot de nodige onrust zal zorgen, want volwassenen die zich in het gangpad van de winkel verliezen in een woede-aanval...??

54. Het paard

We zijn een jaar of acht, negen. Twee meisjes van dezelfde leeftijd, maar daar houdt de vergelijking ook op. De één is mager en sprietig, heeft stijl, dun, bijna wit haar en een bleek, smal gezichtje; langpootmug in spé. De ander heeft gezonde, rode wangetjes, een dikke bos krullend haar en is gezond rond en engelachtig. De één gekleed in korte broek en T-shirt, de ander in een fleurig Oililyjurkje. Maar we zijn wél beste vriendinnetjes.

Het is zomer, de wereld ligt aan onze voeten. Mijn vriendinnetje en ik kijken naar een paard aan de overkant van een brede sloot. Hij ziet ons staan en knipoogt en briest ons toe. Hij is eenzaam. Dat zien we direct. Het arme dier, de hele dag alleen in dat grote weiland, in de volle zon met niemand die hem aait of tegen hem praat. Het is een absolute noodzaak en onze plicht om het paard te helpen.

We bekijken de wegen die naar het paard leiden. De brede sloot die om het weiland loopt is geen optie. Naast het weiland ligt een bosje kreupelhout. Slechts een klein slootje scheidt het van het voetpad. Misschien dat we via die weg in het weiland kunnen komen? Misschien dat daar ergens de sloot minder breed wordt?

We wagen de sprong en duiken het kreupelhout in. De doornen van de bramenstruiken schrammen onze blote benen en trekken halen in onze kleren, brandnetels likken aan onze kuiten en laten irritant jeukende en pijnlijke blaasjes achter, maar dat doet er niet toe. Dat paard heeft onze hulp nodig.

Bij de sloot aangekomen kunnen we ons geluk

niet op, want we zien een groot stuk piepschuim in de sloot. Waarschijnlijk door anderen gebruikt om bootje te varen door de sloot. Via dat stuk piepschuim kunnen wij in het weiland komen! We springen om de beurt op het stuk piepschuim, wiebelen en schommelen met behulp van een tak naar de overkant. Ik glij uit en haal een natte voet, maar uiteindelijk staan we in het weiland.

Het paard staat helemaal aan de andere kant van het weiland, maar staat nieuwsgierig naar ons te kijken als wij naar hem toe komen lopen. We zijn halverwege het weiland, wanneer het paard op ons af begint te rennen. Stokstijf blijven we staan en we kijken elkaar verschrikt aan. Ik sis naar mijn vriendinnetje, dat we moeten blijven staan en vooral niet gaan rennen. Het paard gaat heus niet dwars door ons heen. Met een donde-rend geraas, al hinnikend en steigerend, komt hij op ons af gegaloppeerd.

Ik sta bevroren, met het hart in mijn keel, naar dat aanstormend brok geweld te kijken, wan-neer mijn vriendinnetje het niet meer houdt en begint te rennen, terug naar de sloot. Het paard raast langs me heen, achter mijn vriendinnetje aan.

Mijn vriendin is inmiddels bij de sloot aange-komen. Ze kijkt angstig achterom, schuifelt heen en weer langs de rand van de sloot en kiest dan eieren voor haar geld. Met een gil springt ze de sloot in.

Het paard komt tot stilstand en hinnikt en briest, stampt met zijn voeten en schudt zijn ma-nen. Als ik niet beter wist, dan zou ik zeggen dat hij de slappe lach heeft.

Voetje voor voetje, met de ogen gefixeerd op het paard, keer ik terug naar het stuk piepschuim.

Mijn vriendinnetje heeft de overkant van de sloot inmiddels bereikt en klimt druipnat de oever op.

Zwijgend keren we terug naar onze beider huizen. Die avond wordt er een hartig woordje met ons gesproken door onze ouders.

De volgende dag staan we bij een dennenboom. Er zit een vogel in die boom. Overduidelijk zwaar gewond aan de uitstaande veertjes te zien. Het is een absolute noodzaak en onze plicht om de vogel te helpen. We beginnen te klimmen...

55. Uit eten

Afgezien van een incidentele wokrestaurant, pizzeria, cafetaria of lunchroom, zijn we nog nooit met zijn viertjes uit eten geweest. Laten we wel wezen, uit eten met twee kleine energiebommetjes, is geen sinecure en zeker geen bron van ontspanning. Dat doe je niet voor je plezier. Tenminste, wij niet. Alleen al de gedachte eraan zorgt voor zoveel stress dat we maar snel de frituurpan in de garage aan zetten. Dat is bovendien ook veel vriendelijker voor de portemonnee.

Echter onze dochter had al weken "in--een-echt-restaurant-eten" op haar verlanglijstje staan. Wanneer wij haar vragen waarom ze dat zo graag wil, zegt ze met een verlegen lachje: 'Dan hoeven we niets te doen, worden we bediend en voel ik me net een prinsesje.' Wanneer mijn man dan schamper opmerkt dat dit toch elke dag het geval is, zegt ze: 'Ja, duhhhh, dat is logisch, daar zijn jullie voor!' Daar valt geen speld tussen te krijgen, dus wanneer wij op zaterdagmiddag toch Duitsland in moeten, besluiten we daar dan ook maar een restaurant op te zoeken.

We hebben ons niet voorbereid, dus rijden op goed geluk kris-kras door ons buurland op zoek naar iets wat ons wel wat lijkt. We zijn nogal gevoelig voor "l'ambiance" dus wanneer we dan toch uit eten gaan, moet het ook een bijzonder plekje zijn. En dat vinden we. Idyllischer kan bijna niet. Een restaurant in een middeleeuws pand, met rode loper, een werkend molenrad, aan een park met vijver, compleet met zwarte zwanen, treurwilgen én een speeltuin, voldoet aan alle verwachtingen.

We parkeren de auto en bestuderen door de voorruit het totaalplaatje, zoekend in de gevels naar het prijskaartje. We kijken elkaar aan en in een woordeloos gesprek besluiten we om, als we toch uit eten gaan, dat dan ook maar gelijk goed te doen. Een impulsief Carpe Diem moment.

We lopen eerst een rondje om de parkvijver. Dan kunnen de kinderen even rennen en hun energie kwijt, zodat ze straks hopelijk enige tijd netjes stil kunnen zitten. Ze stuiven weg. Bij de zwarte zwanen blijven ze staan en proberen natuurlijk zo dichtbij mogelijk te komen. De zwanen zijn schijnbaar wel wat gewend en zijn niet onder de indruk. Ze pronken met hun lange halzen, krommen die tezamen in het verplichte hartje en schudden hooghartig hun veren op.

Dit verandert als we verder willen lopen. Om de een of andere bizarre reden stuiven de twee zwanen ons achterna, met hun vleugels bol, sissend en kakkend, een toonbeeld van agressiviteit. We lachen er eerst een beetje om, maar wanneer de situatie dreigend begint te worden, positioneren we ons tussen de zwanen en onze dolenthousiaste kinderen, die dit uiteraard helemaal het einde vinden en hoeden onze kinderen langzaam maar zeker verder.

Ik vind zwanen prachtig, maar heb ook een flink ontzag voor hun brute kracht. Twintig meter verder wordt duidelijk waarom ze zo ineens van pet wisselden. Een meter van het pad af, aan de rand van de vijver zit nóg een zwarte zwaan, op een nest. Prachtig om te zien. Wel heel apart; drie overduidelijk volwassen, zwarte zwanen die samen één nest beschermen. Een triootje. Of het om twee vrouwtjes en één mannetje gaat, of om twee mannetjes en één vrouwtje kunnen we niet zien, maar het is overduidelijk een Match Made In Heaven.

Als we de kinderen tot rust hebben gemaand, mogen we na een tijdje het nest van dichterbij bekijken. Wel onder streng toeziend oog van de andere twee zwanen. Bijzonder. Wat mij betreft is het uitje nu al een succes.

We slenteren verder, de kinderen rennen dertig keer de afstand die wij lopen heen en weer en tegen de tijd dat ons rondje ten einde is, hebben we goede hoop dat ze voorlopig even uitgeraasd zijn.

Na een hartig woordje over stil zitten, niet schreeuwen, niet rennen, netjes eten en geen gemekker, schrijden onze kinderen in statige zwanenpas en met een uiterst serieus gezicht de rode loper op, het restaurant binnen. Afgezien van een ober in driedelig kostuum, die ons als een standbeeld opwacht, is het restaurant leeg en afgezien van het verplichte muzakje op de achtergrond doodstil.

Wanneer de kinderen de man voorbij lopen, maakt deze een klein buiginkje en onze zoon springt in paniek en met een kreet opzij. 'Hij leeft!!' gilt hij en verstopt zich achter ons. Onze dochter laat heel cool niets merken, maar de rode blosjes op haar wangen verraden toch haar schrik. Bedremmeld blijft ze staan en gaapt de man aan.

Wanneer de man, met een Duits accent én in het plat Nederlands haar welkom heet, knikt ze de man vriendelijk toe, maar kijkt dan toch vertwijfeld over haar schouder naar ons en haalt lichtjes haar schouders op. Ze heeft er geen barst van verstaan. En dat terwijl de man toch zo zijn best doet.

De man leidt ons naar onze tafel, aan het

raam, met uitzicht over het park en de zwarte zwanen en schuift de stoelen van de kinderen naar achteren. Vragend kijken de kinderen ons aan, ze hebben geen idee wat nu de bedoeling is met die stoelen. Wanneer dat wél duidelijk is, nemen ze plaats en laten zich grinnikend aanschuiven.

De ober vertrekt om de menukaarten te halen en de kinderen bekijken de gedekte tafel. Het eerste wat hun aandacht trekt is dat er bij elke plek verschillende glazen staan en verschillende soorten bordjes met verschillende soorten bestek, variërend in grootte en vorm. Onze zoon probeert het bestek uit en ontdekt al snel dat elk bestek zijn eigen geluid heeft. Hij schraapt de messen en vorken langs elkaar heen en luistert de stilte op met zijn eigen muziek. Mijn man vindt dit grappig, ik wat minder, dus ik haast me om dit enthousiasme te dempen.

De menukaarten worden gebracht en na het bestellen van het drinken, besluit ik eerst met de kinderen de wc, pardon, het toilet, te bezoeken. In het toilet is een handdoekmachine, die, wanneer je er langs wuift met je hand, automatisch een handdoekje produceert. Dit is koren op de molen van onze zoon, dus wild enthousiast wuift hij nieuwe handdoekjes uit de machine. Met moeite krijg ik hem het toilet weer uit. Spijtig werpt hij nog een blik op het apparaat, maar gaat uiteindelijk toch braaf met me mee terug naar de tafel.

Daar ontdekt hij de servetringen en verandert deze in een verrekijker met de bijbehorende gekke bekken, hij maakt er een trouwring van, probeert om het servet weer op dezelfde manier in de ring te frommelen, maakt torens van de glazen en borden, kortom, hij is even zoet. Onze dochter bekijkt dit alles met Koninklijke minzaamheid en

216

waardigheid en zit keurig netjes een prinsesje te zijn. Overduidelijk de oudere, wijzere zus.

Tot mijn gruwel besluiten ze beiden een variant van tomatensoep te willen bestellen. In gedachten zie ik de witte, gesteven, damasten tafellakens veranderen in een bloederige kleurenpalet. Ze zijn echter niet op andere gedachten te brengen en als ze besluiten als hoofdgerecht een pannenkoek te willen hebben, vind ik het allang best.

Terwijl we wachten op het voorgerecht, besluit onze zoon weer naar het toilet te willen. Aan zijn gezicht lees ik af, dat hij alweer bezig is met de handdoekmachine, dus ik loop voor de zekerheid met hem mee. Voor de vorm, gaat hij inderdaad naar de wc, maar is in een mum van tijd weer terug bij de handdoekmachine. Ik sleep hem haastig mee terug naar de tafel.

Halverwege de eetzaal roept hij ineens: 'Mijn piemel zit verkeerd!!' Mijn man schiet onbedaarlijk in de lach, de ober schiet proestend achter de tap van de bar en ik schiet met een hoogrode kleur dankgebedjes de lucht in, omdat wij vooralsnog de enige gasten zijn. Ik stuur mijn nog nahikkende man, samen met mijn zoon naar het toilet, om de te haastig omhoog getrokken onderbroek te fatsoeneren.

Wanneer het voorgerecht geserveerd wordt, is de rust weer een beetje weergekeerd. Al lukt het de ober niet zo goed om zijn gezicht in plooi te houden wanneer hij de borden bij ons op tafel zet. Ach, het moet voor die man toch ook een verzetje zijn.

Langzamerhand druppelen nieuwe gasten binnen, die allemaal uitvoerig bekeken en fluisterend besproken worden door onze kinderen. Het valt ze onder andere op dat ze allemaal oud zijn, dat ze raar (lees Duits) praten en dat ze boos kijken.

Ze hebben helemaal gelijk, maar we dirigeren hun aandacht snel naar hun soep en ons voorgerecht. Vooral mijn voorgerecht vindt veel bewondering. Kunstig en met zorg is het gerecht opgemaakt. Een paar sprietjes steken er bovenuit. 'Er groeien nieuwe plantjes uit en het is beschimmeld!' zegt mijn zoon, die de laatste tijd helemaal in de ban is van de Albert Heijn groente-tuintjes. Vanuit zijn gezichtspunt gezien lijkt dat inderdaad zo. De tuinkers-achtige sprieten die uit de geitenkaas steken lijken inderdaad goed te gedijen in de witachtige waas die over de geitenkaas ligt. We laten het ons desalniettemin smaken en de ravage na de tomatensoep valt godzijdank mee.

De borden worden weggehaald en we hebben een uitgebreide discussie over het nut van al die verschillende glazen, bordjes en bestek. Dan slaakt onze dochter ineens een ijselijke kreet en wijst naar iets onzichtbaars in de lucht boven de tafel. De ober komt gehaast en verschrikt aanrennen en alle hoofden van de inmiddels voor driekwart gevulde eetzaal draaien onze kant op.

Het duurt even, maar dan zien we wat onze dochter ziet: vanaf het hoge plafond heeft een witte(!) hooiwagen zich naar beneden laten zakken en deze hangt precies recht boven onze tafel. Beschaamd probeert de ober deze nog enigszins discreet te verwijderen. Die poging mislukt jammerlijk, wanneer de albino-spin zich laat vallen en tussen het servies door kriebelt. Alle ogen zijn gericht op onze tafel en de strijd tussen ober en spin. Onze kinderen moedigen hem aan en geven onnodige, maar goedbedoelde aanwijzingen. Uiteindelijk lukt het de arme man, en hij verdwijnt met de spin in een servet tussen de tafels door naar achteren.

Terwijl ik me mezelf afvraag waarom alles bij ons op de één of andere manier in slapstick verandert, wordt ons hoofdgerecht geserveerd. Het duurt even, maar uiteindelijk richt de aandacht van de andere gasten zich weer op hun eigen tafelgenoten.

De pannenkoek van de kinderen is in een mum van tijd verorberd en onze dochter vraagt wanneer de volgende gebracht wordt. We maken duidelijk dat dát niet gaat gebeuren en delen onze groentes, salade, aardappeltjes en vlees. Ons hoofdgerecht is volumineus, machtig en heerlijk. Voldaan genieten wij hierna van onze koffie en de kinderen van een sorbet na.

Wanneer we betaald hebben, bedanken we de ober. 'Nein, Júllie bedankt!' zegt de ober en met een kniebuiging naar onze dochter, een knipoog naar ons zoontje en een grijns van oor tot oor naar ons, geeft hij onze jassen aan. Ongetwijfeld zal het óók voor hem een middag zijn die hij niet licht vergeet...

56. Cement

In de loop der jaren hebben wij tienduizenden kilo's zand verplaatst in onze tuin. Met de hand. Dit
is niet overdreven. Nu ja, de hoeveelheid dan. Het
graven gebeurde dan wel met de hand, maar met
in die hand wel een schop. De locatie, de grootte
en de vorm van onze vijver veranderde jaarlijks.
De ene keer werd de vijver groter en werd er van
het uitgegraven zand elders in de tuin een ver-
hoogde border gecreëerd. De andere keer werd de
vijver kleiner en werd het teveel aan gat gedicht
met het zand uit de border. In sommige gevallen,
kwamen we dan nog zand tekort en werd er in al-
lerijl een aantal aanhangwagens met zwart zand
opgehaald. Ook dit zand werd dan met de schop in
de aanhangwagen geschept en bij ons thuis weer
uit de kar geschept. Het jaar daarop werd dan
weer besloten dat de vijver groter moest worden,
de vissen werden tenslotte ook groter en hadden
meer ruimte nodig. De border verrees weer en het
teveel aan zand werd weer in aanhangwagens geschept en naar de stort gebracht. Weer een jaar
verder, kon ons hummeltje inmiddels lopen en
moest er een veilige zone gecreëerd worden, met
als gevolg dat de vijver verplaatst werd van het
midden in de tuin, naar de zijkant van het huis.
Daar was minder ruimte, de vijver werd dus weer
kleiner, dus hadden we weer zand nodig om het
gat te vullen.

Totaal mesjokke, vonden de buren. Niet goed
wijs. Knettergek. Toch, elke keer dat we eraan begonnen, waren we niet te stuiten zo enthousiast.
Met elke schep zand die we verplaatsten waren we
het echter meer met onze buren eens en ver-

vloekten we onszelf.

Vorig jaar echter, heeft onze vijver zijn definitieve vorm gekregen. Echt. Om dat te bewijzen hebben we duizenden kilo's zwerfkeien overal en nergens vandaan gehaald, de kar op en weer af getild en onze tuin in gedragen. De vijver kreeg nu een definitieve muur. Een onverwoestbare muur, opgemetseld met zwerfkeien. Als die éénmaal stond, dan kreeg je die niet zomaar 1,2,3, weer weg. Die zou er over vijf eeuwen nog staan. Dagen lang werd er gepuzzeld met de stenen, die allemaal varieerden in vorm, grootte en kleur, om daar een zo mooi mogelijke muur van te bouwen en ze werden vastgezet in cement.

We zijn bezig met het laatste stuk. De muur voldoet aan al onze verwachtingen. Mooier zelfs. Mijn man, die tot nog toe al het metselwerk heeft gedaan, is naar zijn werk. Ik wil hem verrassen door de laatste stenen in de muren te metselen. Ik heb de kunst afgekeken en weet wat ik moet doen. Alleen het cement mengen met water, met een boor met zo'n soort spiraal wil me echt niet lukken. Veel te zwaar. Ik krijg dat ding gewoon niet eens van zijn plek.

Ik besluit met de hand te gaan mengen. Mij krijg je niet zomaar klein! Dat gaat een stuk beter. Het laatste stukje muur begint vorm te krijgen. Voor de derde keer ben ik nieuw cementmengsel aan het mengen, als mijn handen wat beginnen te schrijnen en gloeien. Ik negeer het, ik ben tenslotte bijna klaar.

Drie kwartier later ben ik klaar. Ik ben ongelofelijk in mijn nopjes, want het is onvoorstelbaar mooi, maar die handen eisen aandacht. Ze doen pijn. Ik begin ze af te spoelen onder de kraan. De dikke laag cement die op mijn handen zit, deels opgedroogd, deels nat, laat zich niet zo makkelijk verwijderen.

Wanneer de eerste plak loslaat, is de pijn niet meer te harden. Jammerend van de pijn kijk ik naar mijn hand en zie dat er een stuk huid mist, waar de cement heeft losgelaten. Ongelovig kijk ik ernaar. Paniek siepelt mijn hoofd binnen. Ik bijt op mijn kiezen en spoel de rest er af. Mijn handen zijn onherkenbaar. Vurig rood, onder de blaren en waar de blaren met het cement zijn meegespoeld, kijkt mijn vlees mij grijnzend aan.

Even later heb ik mijn handen volgesmeerd met vaseline en verbonden. Ik laat de informatie van het alwetend orakel Google even op mij in-werken. Dat liegt er niet om. Nat cement kan brandwonden veroorzaken. Dus. Ik zie geen mo-gelijkheid om deze stommiteit te verbergen en be-reid me alvast voor op een door bezorgdheid ge-triggerde tirade van mijn man. Maar, de muur is klaar. Dat moet toch enig tegenwicht bieden. Toch?!

57. Hufter

Het heeft heel weinig gescheeld of onze kinderen waren nu wezen. We vragen ons ineens dingen af als: Wat als wij samen komen te overlijden, wat gebeurt er dan met onze kinderen, waar gaan ze naar toe? Moeten we dat ergens vastleggen, moet dat notarieel? Zo ja, wat willen we dan dat er met onze kinderen gebeurt, wat zou het beste voor ze zijn? Het zijn van die vragen, die heel af en toe, door omstandigheden, waarschijnlijk in elk gezin wel eens aan bod komen, maar die door bijna geen enkel gezin vastgelegd worden. Op de één of andere manier denkt men, op onze leeftijd, dat het leven oneindig is. Je eigen verlaten van deze wereld is een ver-van-mijn-bed-show waar men maar liever niet te lang bij stilstaat. Maar soms gebeurt er iets waardoor je je daar ineens wél bewust van bent. Zo nu wij ook.

We zijn op de terugweg met een aanhangwagen vol splinternieuwe muurafdekkers voor onze vijverrand, die wij op de kop getikt hebben via Marktplaats voor een prikkie. De kinderen zijn op school, mijn man is vrij en in een impulsief nu-of-nooit-moment hebben we de auto gepakt en hebben we deze gouden kans benut. Het is een vierbaansweg en het is belachelijk druk, we rijden met een volle aanhangwagen, dus we blijven op ons gemakje in het kielzog van een vrachtwagen hangen. Achter ons rijdt ook een vrachtwagen.

De eerste, meest rechtse baan, waar wij rijden, verandert in een afrit zien we op de borden, dus de vrachtwagens en wij verplaatsen ons soepel naar de tweede baan. Op de derde baan, links naast ons, rijdt nu ook een vrachtwagen.

We worden rechts ingehaald door een Mercedes, die op de baan rijdt, die inmiddels een uitvoegstrook is geworden. Plotseling, zonder dit aan te geven met een knipperlicht, gooit de Mercedesrijder zijn auto naar links. De neus van de Mercedes is ons nog niet eens gepasseerd. Wij kunnen geen kant op. Links een vrachtwagen en achter ons, vrij dichtbij, ook een vrachtauto. Toch trappen we op de rem. Echter, de Mercedes blijkt nog een volgeladen tandemasser van minstens vijf meter achter zich te hebben hangen. Onmogelijk.

Wij en de vrachtwagens toeteren ons helemaal suf. De vrachtwagen achter ons trapt op de rem, geeft ons ruimte, de vrachtwagen die links van ons rijdt, gaat helemaal links rijden, maar ook deze kan niet uitwijken naar de vierde baan, omdat daar ook allemaal auto's rijden. De spiegel van onze auto raakt op zo'n twee centimeter na de vrachtwagen links van ons, de Mercedes met aanhangwagen raakt op een haar na de rechter voorkant van onze auto, wanneer de Mercedes godzijdank besluit weer naar rechts te gaan. Om vervolgens tien seconden later weer opnieuw onze rijbaan op te rijden.

De kakofonie van toeters van ons en van de vrachtwagens om ons heen is oorverdovend en we trappen wederom vol op de rem. De vrachtwagen die links van ons reed, heeft inmiddels ook op de rem getrapt, dus wij kunnen uiteindelijk naar links uitwijken voor de Mercedes. Die voegt in alsof er niets aan de hand is en we zien de bestuurder lachen naar zijn bijrijder.

Hufter. Je moet er toch niet aan denken dat die vrachtwagen naast ons niet zo attent en oplettend was geweest. De botsing, de scharende, volle aanhangwagens die zich om onze auto's hadden

geklemd, de vrachtwagens die over ons heen ge-
denderd waren alsof we niets waren. Er was geen
houden aan geweest en de ravage was enorm geweest. Ik kan me niet voorstellen dat we dat levend hadden kunnen navertellen.

We rijden met het hart in onze keel verder. In
onze spiegels zien we dat de vrachtwagen achter
ons, direct naast de Mercedes gaat rijden, zodat
deze nu ingeklemd zit tussen de twee vrachtwagens die net voor en achter ons reden. Ze minderen vaart, zo de Mercedesrijder dwingend zijn
snelheid te minderen en toeteren een hele symfonie bij elkaar. Hun statement is duidelijk.

Wat die Mercedes-man bezield heeft snappen
we nog steeds niet. Maar het is dát soort al-
leen-op-de-wereld-mentaliteit die dagelijks het leven kost aan velen. Die gezinnen verpulvert, ver-
stampt, verwoest. Ik ben erg vredelievend, absoluut niet agressief, maar met dit mannetje zou ik
graag eens een paar rondes willen boksen. Er is
niets wat ik kan verzinnen dat dit soort gedrag
goed kan praten. Hij haalde ons rechts in, dus
dooie hoek? Mehoela. Hij was vergeten dat hij nog
een volgeladen tandem-asser achter zich aan had?
Mehoela. Zelfs als hij die niet had gehad, had hij
ons geraakt.

Ik kan de vrachtwagenchauffeurs niet persoonlijk bedanken voor het redden van ons leven,
maar bij deze dan toch... Dank jullie! En Mercedes-
hufter: slaap slecht.

58. Alleen

Met geen enkele belofte of bedreiging krijg ik ze
mee. Ik faal compleet als moeder in haar ouderlijk
gezag en zo onflatteus als het maar kan, al hakke-
lend, niet uit mijn argumenten komend en geen
spatje autoriteit in mijn stem, haal ik bakzeil bij
mijn achtjarige dochter en vijfjarige zoontje. Als
roofdieren proeven, ruiken, voelen ze mijn zwakke
momenten en maken daar meedogenloos misbruik
van.

Dan kijkt mijn dochter me opeens aan met
een gepijnigd, verdrietig gezicht en zegt heel
zachtjes: 'Waarom vertrouw je me nou niet
mama? Ik kan heus wel even op het huis en mijn
broertje passen terwijl jij even melk haalt. Ik ben
groot genoeg en al mijn vriendinnetjes en klasgenootjes blijven wel eens alleen thuis... waarom ik
niet?'

Ik sta in spagaat. Helemaal in de knoop. Er
ratelt zoveel door mijn hoofd nu, dat ik me uit de
voeten maak en met een zwak: 'Ik zal er even
over nadenken' naar de tuin vlucht. Die melk kan
natuurlijk wel wachten. Dan maar ranja morgenochtend bij het ontbijt. Moet kunnen, voor een
keer.

Maar mijn dochter raakt wel een gevoelige
snaar. Ik ben me er heel goed van bewust dat
mijn kinderen strakker gehouden worden dan het
gemiddelde kind in onze omgeving. Hoewel ik/wij
vinden dat we daar hele goede redenen voor hebben, is het niet de bedoeling dat het zelfvertrouwen van mijn dochter daaronder lijdt. Dat ze dat
gaat vertalen naar een falen van zichzelf. Waar ze
eerder nog mijn ja of nee als iets absoluuts zag,

begint ze nu vergelijkingen te maken en zich af te vragen waarom anderen wel en zij niet. Hoewel ik hele gesprekken met haar heb gehad over dat ik háár wel vertrouw, maar sommige andere mensen niet en hoewel dat eerst voldoende was, begint die redenering in haar ogen nu barstjes te vertonen.

Wanneer ik uiteindelijk orde in de chaos in mijn hoofd heb gekregen, besluit ik dat het tijd is. Tijd is om het ondenkbare te doen: mijn kinderen alleen laten.

Ik laat mijn dochter oefenen met het bellen naar mijn mobiele telefoon. Ze mogen de deur niet open doen, voor niemand. Als er echt, écht wat is, dan moeten ze naar de buren. In dat geval moeten ze niet vergeten de sleutel mee te nemen. Ik zet ze voor de televisie met de film die op het moment het meest boeit. Ik ben hooguit tien minuten weg.

Terwijl ik de boodschappentas pak, besluit ik toch de buren te bellen. Toevallig ligt er eentje met een gebroken enkel én een zwaar gekneusde enkel zich kapot te vervelen op een stretcher voor het raam, dus vraag ik haar een oogje in het zeil te houden. Niet dat ze veel kan beginnen in haar toestand...

Ik laat de kinderen nog een keer de regels herdenderen en dan stap ik de deur uit, de auto in. Met een lichte aarzeling start ik de auto en rijd weg. Onderweg naar de winkel, terwijl ik door de winkel heen sprint naar de melkafdeling, terwijl ik me in de rij voor de kassa sta op te vreten en terwijl ik weer terug rijd, maak ik me heel levendig een voorstelling van wat er allemaal mis kan gaan en wat er al ooit eens is misgegaan.

De keren dat ze van de trap af zijn gevallen.

De keer dat ze in een poging om bij de snoepkast te komen een kinderstoeltje op een verrijdbare tafelstoel hadden gezet en daar waren opgeklommen. Die ene keer dat ze de plafondventilator boven ons bed hadden aangekregen door net zolang te springen op ons bed tot ze het touwtje te pakken hadden gekregen en deze vervolgens op dezelfde manier weer uit probeerden uit te krijgen en ons zoontje een jaap in zijn hand kreeg van de sneldraaiende wieken van die ventilator. De keer dat ze besloten dat het leuk was om van de half-hoogslaper te duiken op het grote zitkussen daaronder en dat ons zoontje misdook. De keer dat mijn dochter op de rand van de bank zat en achteroverviel op de stenen vloer met als gevolg een flink gat in het hoofd en een fikse hersenschudding.

De ene na de andere herinnering van bijna ongelukken en ongelukken-die-met-een-sisser-aflopen flitst door mijn hoofd. En moet je nagaan; toen waren we thuis!!!

Inmiddels kotsmisselijk van angst parkeer ik de auto weer voor het huis en ren het huis binnen. Daar merken mijn kinderen niet eens dat ik binnen kom, zo verdiept zijn ze in de film. Pas wanneer ik de melk in de koelkast heb gezet en met drinken en een koekje aan kom zetten merken ze mijn aanwezigheid op. 'Nu alweer terug? Je moet niet altijd zo bang zijn mama! Zie je wel dat ik het kan!!!' zegt mijn dochter met een stralend gezicht vol trots. Ze glundert van oor tot oor. Terwijl ik denk: 'Nooit weer!' geef ik haar een knuffel.

Het loslaten begint al bij de geboorte, heel letterlijk dan, maar daarna is het grootbrengen een aaneenschakeling van loslaat-momenten. En dat is verdomde moeilijk. Toch volg ik in deze mijn intuïtie. Pas wanneer ik denk, voel, weet dat het kan, laat ik ze los. Zolang ik verantwoordelijk ben en waarschijnlijk zelfs wanneer ze al lang en breed op eigen benen staan en gaan, zal ik ze willen blijven behoeden voor pijn, verdriet en ellende.

Net zoals, realiseer ik me nu, mijn ouders hebben gedaan. God, wat heb ik daarvan gebaald en tegenaan getrapt. Sinds ik zelf kinderen heb, ben ik me met terugwerkende kracht bewust van de redenen waarom en hoe gelijk ze daarin hadden. En de liefde die daarachter school.

Ouder zijn: het moeilijkste beroep wat er is. Je weet nooit waar je goed aan doet, ieder kind, iedere ouder is verschillend. Er is geen goede manier of foute manier. Al is soms de druk van de omgeving om iets anders te doen dan je gevoel je ingeeft groot. En slaat de twijfel en de onzekerheid soms toe. Doe ik het allemaal wel goed?

Mijn kinderen alleen thuis laten, doe ik toch maar liever voorlopig niet meer. Het is goed gegaan, het ego van mijn dochter is weer wat opgevijzeld, maar de volgende keer krijgen ze ranja bij het ontbijt!

59. Gebeten

Al een tijdje hangt er een groepje van drie in ons kielzog. Als wij onze pas vertragen, om hen te laten inhalen, vertragen zij ook. Versnellen wij onze pas, dan gaan zij ook een versnelling hoger. Ze blijven ongeveer vijfentwintig meter achter ons. Bloedirritant. Helemaal omdat ze geen seconde hun mond dichthouden en luidkeels een nieuwe auto, de giga-bruiloft van nicht Jessie en hun aankomende vakantie in Portugal bespreken. We kunnen niet anders dan meeluisteren.

Bovendien hebben zij ook een hondje bij zich, mét jasje (het is twintig graden, dus het waarom daarvan ontgaat me) dat de hele tijd blijft keffen. U begrijpt dat dit de idylle van een gezinsuitje in de natuur enigszins verstoord.

Halverwege de heide zijn we het zat. We stoppen abrupt, gaan aan de kant en gebaren dat ze ons mogen (moeten!!) passeren. Eerst blijven ze ook staan en kijken ons vragend aan. Dan, uiteindelijk, valt het kwartje en passeren ze ons. De aanvoerder van het drietal in driedelig pak en groene regenlaarzen, balkt uiterst grappig, dat er zowaar een erehaag voor hun is neergezet! We grimassen wat en halen opgelucht adem als ze ons gepasseerd zijn en blijven voor de zekerheid nog even staan wachten. Dan draait de aanvoerder zich ineens weer om en priemt beschuldigend met een wijsvinger naar onze hond. 'Is dat een ras?'

Nu heb ik ietwat moeite met mensen die met hun wijsvingertjes wijzen, maar ik besluit hem het voordeel van de twijfel te gunnen en vertel hem dat het een kruising tussen een teckel en een labrador is. Hij haalt zijn neus op (letterlijk!) en zegt tevreden en schamper: 'Ik kon er al niks van maken!' en loopt verder met zijn chihuahua (met jasje).

Ik schuimbek bijna van irritatie en bijt op mijn tong. Als ze maar doorlopen en ophoepelen. We besluiten om gelijk maar een picknickmomentje in te lassen. Om de afstand maar zo groot mogelijk te laten worden.

Wanneer even later de rust is weergekeerd op de heide, het drietal verdwenen is in de bosrand en zelfs hun stemgeluid niet meer te horen is, wandelen wij ook verder.

Na ongeveer vijftig meter, duikt onze hond in-eens een grote graspol naast het pad in en snuffelt verwoed in het rond. Nieuwsgierig naar wat ze gevonden heeft, komen we dichterbij. Meestal is het een muis of een konijn of een kikker. Ze doet ze nooit wat, maar blijft er altijd bij staan in de hoop dat ze ervandoor gaan. Niets leuker dan tikkertje!

Dan gooit ze ineens met een zwaai haar hoofd achterover en gooit iets de lucht in. Dat 'iets' komt voor ons op het zandpad terecht en friemelt daar alle kanten op. Het blijkt een stuk staart te zijn. Van een slang. Een Europese adder om precies te zijn. Giftig. Soms zelfs dodelijk. Een stuk van on-geveer tien centimeter lang is bezig met zijn laatste stuiptrekkingen. Arme adder. We voelen ons schuldig, zijn ook een beetje bang voor de wraak van de rest van de adder, halen de hondenlijn in, waarschuwen onze kinderen om vooral op het pad te blijven en lopen snel verder.

Onze zoon denkt daar anders over, rent terug en haalt snel de staart op. Gebiologeerd en ver-wonderd kijkt hij naar het gefriemel van de staart en vraagt hoe dat nou zit. Leeft die staart nou, of niet?

Terwijl wij dit proberen uit te leggen aan onze zoon, zakt onze hond ineens door zijn poten, valt om en kan niet meer overeind komen. Nu heeft onze hond dat wel eens eerder gehad, een soort epilepsie, maar de laatste keer was al meer dan een jaar geleden en nu, door die adder van vijf minuten geleden, slaat de paniek toe. Is ze gebeten door de adder? Heeft ze daarom de staart afgebeten? Wat nu? Kunnen we wat doen? Gaat ze nu dood? Hebben we nog genoeg tijd? We zijn zeker al een uur onderweg.

Dan gebeurt er iets heel raars. Wanneer er iets ergs met de kinderen is, ben ik altijd de rust zelve. Ik raak niet in paniek. Ik doe wat er gedaan moet worden en houd mijn hoofd koel. Mijn man daarentegen rent dan als een kip zonder kop rond. In dit geval, met onze hond, ben ik degene die volledig in paniek raakt en is mijn man degene die rustig blijft. Heel apart.

Ik til de hond op en begin terug te rennen. De kinderen zien mijn paniek en nemen dit in vijfvoud over. Huilend rennen ze me achterna. Mijn man daar weer achteraan terwijl hij probeert ons tot rust te manen. Wanneer hem dat lukt, of beter gezegd, wanneer ik buiten adem ben en naar lucht happend even tot stilstand kom, weet hij me ervan te overtuigen dat hij de hond van mij overneemt en laat hij mij bellen.

Heel slim van hem. Geef me iets te doen. De dierenarts heb ik natuurlijk niet in de telefoon staan, het bos en de heide hebben geen Wi-Fi, dus ik bel zijn ouders. Geen gehoor. Mijn vader. Geen gehoor. Mijn zusje. Die neemt godzijdank op. Ik leg het verhaal uit en mijn zusje gaat direct aan de Google. Zoekt het adres van de dichtstbijzijnde dierenarts op en zoekt naar informatie over wat te doen bij een adderbeet. Immobiliseren. Check. Controleren op beetgaatjes. Niets te vinden. Nergens. Niet op haar poten, niet op of in haar bek. Dierenarts. We zijn onderweg. Inmiddels weer een beetje rustig, doordat ik met iets nuttigs bezig ben, rennen we verder.

Na een half uur wil ik onze hond overnemen van mijn man, maar leg haar eerst nog even op de grond om nog weer eens te checken op beetgaatjes. Kijken of ik al ergens zwellingen zie. Ze krabbelt overeind, schudt zich een paar keer en kijkt ons dan verwachtingsvol aan alsof ze zeggen wil: 'Gaan we nog?' De kinderen zijn uitgelaten en springen een gat in de lucht. Ze knuffelen met haar en laten haar springen in hun armen.

Wij zijn echter nog niet helemaal gerust, dus ik neem haar weer in mijn armen. Immobiliseren werd er immers gezegd door Google. Wel een stuk rustiger lopen we naar de auto. Niet alleen omdat we iets gerustgesteld zijn, maar ook omdat we inmiddels hebben begrepen dat áls ze is gebeten, dat ze geen anti-gif krijgt. Door de korte houdbaarheidstermijn is er maar heel weinig anti-gif op voorraad. Dat wordt uitsluitend bewaard voor mensen.

Onze hond heeft het overleefd. Op de heide schuilt een gewonde adder in het gras. En onze kinderen willen nooit van hun leven meer wandelen in de natuur. Zijn we mooi klaar mee, nu we net een wandelvakantie naar Noorwegen hebben geboekt...

60. Ijsmeer

Ik pies in mijn broek van angst. Van echte, rauwe doodsangst. Niet zozeer voor de dood van mijzelf, maar vooral voor die van mijn zoontje. In een laatste wanhoopsdaad, grijp ik hem bij de lurven, rammel hem woest door elkaar en bulder hem, vanuit mijn tenen en vergezeld met de nodige speeksel, toe, dat hij NU, als de sodemieter, God-verdomme hier en daar, normaal moet doen en door moet lopen.

We staan op een spekgladde, smeltende plak sneeuw van honderden vierkante meters groot, dat op een steile berghelling ligt en dat eindigt in een krul boven een ijsmeer in Noorwegen. Mijn man en mijn dochter zijn er al overheen en staan machteloos toe te kijken, hoe ik mijn zoontje tot rede probeer te brengen. Mijn man begint al terug te lopen, maar de afstand is te groot.

Ik ben halverwege de plak sneeuw en probeer een kleuter, die juist dáár besloten heeft een woe-deaanval te krijgen, omdat hij koude handen heeft gekregen, toen hij onderweg een sneeuwbal wilde maken, tot rust te brengen. Hij laat zich keer op keer vallen, trappelend met zijn benen en woest zwaaiend met zijn armen en dreigt naar beneden te glijden, richting het ijsmeer, ware het niet dat ik hem met mijn lichaam tegen hou. Maar ook ik glij telkens weg.

In wilde, ongecontroleerde kleuterwoede trapt en schopt mijn zoon mij en brult zijn frustratie van zich af. Alles goed en wel wanneer hij besluit om dat te doen, thuis of midden in de winkel, dan laat ik hem mooi liggen en negeer hem wel tot rust, maar hier, nu, op dit moment en op deze plek is het levensgevaarlijk.

In gedachten zie ik ons al naar beneden glijden, het ijsmeer in. Ik zie mezelf watertrappelend zoeken naar mijn zoontje, die nog niet kan zwemmen. Ik zie mezelf duiken om hem onder het wateroppervlak te zoeken, kramp krijgend van de ijzige kou, hem vinden, hem omhoog hijsen naar het wateroppervlak en dan de eindeloze meters afleggen om ergens aan de kant te kunnen komen. En ik zie dat dit mislukt. Dat ik de strijd moet opgeven. Dat ik naar beneden zink, omdat de kou de strijd wint. Ik zie mijn bevriezende ogen naar mijn verdrinkende zoontje kijken.

Dan geef ik mijn brullende zoontje een klap in zijn gezicht. De stilte die daarop volgt is oorverdovend. Ik hijs hem overeind en duw hem, zijn jas in een stevige greep vast blijvend houdend, voor me uit. In totale stilte, behalve het geknisper van de sneeuw onder onze voeten, leggen we de laatste meters af.

Op vaste grond aangekomen, zak ik bibberend in elkaar en staar een half uur lang als verdoofd naar het waanzinnig mooie ijsmeer, zonder iets te zien. Mijn zoontje is al snel steentjes aan het keilen in het meer, samen met zijn zus en is de toestand van daarnet alweer vergeten. Gelukkig maar.

Als ik me langzamerhand weer bewust wordt van mijn omgeving vergaap ik mij aan dit rimpelloze, kristalheldere spiegelmeer, de bergen daarom heen en het fenomenale uitzicht over zich kilometers uitstrekkende vlaktes aan de Noordzijde van het meer. In de verte zie ik een kudde rendieren, als een schaduw over de hellingen trekken. De schoonheid van dit alles, staat in scherp contrast met de doodsangst van zonet.

Waarschijnlijk, als mijn zoontje niet juist daar een woedeaanval had gekregen, waren wij ons nooit bewust geweest van het gevaar van dat moment. Net zoals je je niet constant bewust bent van het feit dat je spelende kinderen op straat aangereden kunnen worden door een auto. Maar ik zal dit moment nooit meer vergeten. Die nacht herbeleef ik alles in een nachtmerrie waarin alles wél misgaat. Gillend word ik wakker en kruip huilend in de armen van mijn man.

Later, zie ik een foto terug van onze zoon en ik op die plak sneeuw, vlak voor het moment dat hij besloot een kleuterfittie te hebben. In niets is terug te zien, hóe gevaarlijk dat is geweest. Ik ben bijna teleurgesteld, dat ik dat extreme moment niet kan staven met bewijs.

Nog nooit ben ik zo dichtbij het moment, de realisatie geweest dat ik mijn kind zou kunnen verliezen. Ik hoop het ook nooit meer mee te maken.

61. Boef

Hij heeft zijn week niet. Totaal niet. Het was dan ook wel een heftig weekje voor ons bijna zesjarige zoontje. Inmiddels is hij ervan overtuigd dat ieder moment de politie aan de deur staat om hem op te halen. Dat kan bijna niet anders.

Hoewel we ons best doen, om hem daarin gerust te stellen, zonder dat onze poging tot opvoeden teniet wordt gedaan, kan hij de slaap niet vatten en bij het horen van elke sirene die afgaat bij de niet ver ons huis gelegen brandweerkazerne, zit hij rechtop in bed en neemt hij jammerend afscheid van ons en zijn zusje. Hij gaat vast voor jaren de bak in.

Het begon allemaal nog vrij onschuldig. Zijn zusje kwam me vertellen dat hij, op aanraden van een vriendinnetje, kauwgom van de straat had gepakt en in zijn mond had gestopt.

Nu moet je weten dat hij smoorverliefd is op dit vriendinnetje is. Echt, tot over zijn oren. Dus wanneer zij zegt dat hij in de sloot moet springen, dan doet hij dat. Laat staan een stukje kauwgom van de straat af peuteren en in zijn mond stoppen. Alles voor zijn liefje! Als een soort miniatuur macho-puber doet hij alles om indruk te maken. Meestal heel vertederend, maar nu even niet.

Uiteraard krijgt hij van ons de wind van voren. Hoe vaak hebben we wel niet tegen hem gezegd dat alles wat op straat ligt vies is! Dat hij daar ziek van kan worden! Dat een hondje of een poesje daarop geplast kan hebben, dat er bacteriën op kunnen zitten die hem ziek kunnen maken, dat diegene die de kauwgom op straat heeft uitgespuugd ziek kan zijn en dat hij nu ook ziek kan

241

worden doordat hij het in zijn mond heeft gestopt! De boodschap is duidelijk, geschrokken spuugt hij de kauwgom uit, gaat zijn mond spoelen, zijn tanden poetsen en beloofd dat nooit, maar dan ook nooit weer te doen.

De volgende dag komt hij na het buitenspelen thuis met een bebloede hand. Wanneer ik hem vraag hoe dat komt legt hij verontwaardigd uit, dat mensen glas op de grond hadden laten liggen, bij de glasbak om de hoek. Samen met zijn vriendinnetje was hij dat gaan opruimen. Want stel je voor dat iemand zich eraan zou bezeren. Ja... stel je voor zeg...

Onder het foeteren over dat hij toch wéét dat hij daar niet mag komen, bekijk ik zijn hand. Een glassplintertje is duidelijk te zien. Ik trek die eruit, begeleid door het krijsen van een speenvarken.

Gelukkig begint het daarna weer te bloeden, zo spoelt de viezigheid er tenminste goed uit en al tegenstribbelend hou ik zijn handje onder de kraan. Terwijl ik spoel, zie ik nog een splintertje tevoorschijn komen uit het wondje. Maar met geen mogelijkheid krijg ik hem zover dat hij mij die eruit laat trekken met een pincet. Na eindeloos gemartel geef ik het op. Tijdelijk.

Want zodra mijn man thuis is, beginnen we opnieuw en na wederom een jankfestijn van hier tot Tokio, lukt het ons dat splintertje er ook uit te krijgen. De boel wordt ontsmet en even later zit ook de jodiumpleister op zijn plek.

Nog een keer leggen we hem uit, dat hij ook daar ziek van kan worden. Dat zijn bedoeling lief was, maar dat hij dat nooit meer mag doen. Dat is niet zijn taak. De mensen die dat laten liggen zijn niet netjes en asociaal. Díe mensen moeten dat opruimen, niet hij!

De dag daarop komt de moeder van een vriendinnetje enthousiast, bij het naar de klas brengen van de kinderen, naar me toe lopen. Wat lief van mijn zoontje dat hij haar dochter een cadeautje heeft gegeven! (Mijn zoontje heeft in elk stadje een schatje. In zijn klas heeft hij ook een vriendinnetje waar hij smoorverliefd op is. Met deze gaat hij trouwen...)

Ik heb geen flauw idee wat ze bedoelt, dus verbaasd vraag ik wat hij haar heeft gegeven. Schijnbaar een soort toverhanddoekje. Iets ronds en kleins, dat je onder het water moet houden en dan groeit het uit tot handdoek met een leuke afbeelding van een koe er op.

Ik heb geen benul van hoe hij daaraan komt, wij hebben zoiets in ieder geval niet in huis, dus ik vraag hem hoe hij daaraan komt. Hij heeft het gevonden zegt hij. Hij kruipt helemaal in zijn schulp en weet niet waar hij het zoeken moet.

Helemaal als zijn moeder vervolgens ook nog aan de juf vraagt of zij zoiets in de klas hebben. Dat is niet het geval. De juf maant de kinderen om stilte en vraagt aan alle andere kinderen in de klas of zij toevallig zoiets kwijt zijn, of meegenomen hebben naar school. Dat is ook niet het geval. Mijn zoontje kijkt alsof hij wil verdwijnen in het niets en wordt steeds kleiner in zijn stoeltje.

Voor de zekerheid ga ik de vraag ook stellen in de aangrenzende kleuterklas. Ook hier is niemand zoiets kwijt. Ik laat het eerst zo en breek mijn hoofd erover als ik terug naar huis loop. Dan gaat me ineens een lichtje op. Gistermiddag was ik met hem in de Action geweest. Terwijl ik haalde wat ik moest halen, rende hij linea recta naar de speelgoedafdeling. Hij zal toch niet...??!!

Wanneer ik hem later weer ophaal van school

vraag ik het hem direct. Met gebogen hoofdje en de tranen op zijn wangen geeft hij toe dat het bij de winkel vandaan komt. Dat iemand dat had weggegooid op de grond. Dat vond hij zonde, dus had hij in zijn zak gestoken. Mocht dat dan niet? Het was toch weggegooid!?

Ik leg hem uit dat er voor alles in de winkel betaald moet worden. Ookal ligt het op de grond. De bakken zitten soms zo vol, dat er wel eens wat uit valt. Eigenlijk heeft hij nu gestolen.

Hij laat het tot zich doordringen en raakt dan volledig in paniek. Komen ze hem dan nu halen? Is hij nu een boef? Ik probeer hem gerust te stellen en stel voor dat we terug gaan naar de winkel. Om het alsnog te gaan betalen. Als hij het eerlijk zegt en we er eerlijk voor betalen, dan komt het vast wel goed. Huilend verstopt hij zich onder de bank en met geen mogelijkheid wil hij daar onder weg komen. Pas als ik zeg dat ik wel alleen ga, als hij naar school gaat, komt hij er met tegenzin onder weg.

Wanneer ik hem die middag weer ophaal van school, sjokt hij met hangende schoudertjes en gebogen hoofdje met me mee. Er is geen woord uit te krijgen, ook niet wanneer ik zeg dat ik naar de winkel ben geweest, betaald heb en dat ze het niet erg vonden. Thuis verstopt hij zich weer onder de bank. Die nacht wordt hij een paar keer huilend wakker en is hij ontroostbaar. We kunnen praten als Brugman, maar hij is een boef.

Wanneer ik een dag later weer een andere moeder spreek, die verteld over een harde houten bal die mijn zoon op school per ongeluk op de lip van haar zoontje heeft gegooid, tand door de lip en bloedende toestanden tot gevolg, begrijp ik dat er nog meer in het koppie van mijn zoontje speelt.

Ik laat mijn zoontje, haar zoontje bellen. Die verzekert hem dat het niet zo heel erg zeer meer doet, dat het toch per ongeluk ging, dat hij niet boos is en dat hij morgen weer met hem wil spelen. Ze zijn toch vriendjes?!

Wat een held! Je ziet bij mijn zoontje, tijdens het telefoongesprek, de last van zijn schouders vallen, de opluchting is enorm.

Toch heeft hij het de dagen erna nog moeilijk. Het was een zware week voor hem. Ik heb enorm met hem te doen, maar hoop dat hij er toch wat van geleerd heeft. Die dagen bedelven we hem met complimentjes en knuffels over alles wat we maar kunnen bedenken dat hij goed doet. Langzamerhand kruipt hij weer uit zijn schulp. Kleuter zijn is niet niks...

62. In levende lijve

Ik ben op zoek naar aardbeiplantjes en ben daarvoor naar de welbekende verstand-van-tuin-en-dier winkel gegaan. Daar kom ik wel vaker en dit heeft nooit voor gênante, beschamende of vervelende situaties geleid. Integendeel. Ze bemoeien zich pas met me als ik daarom vraag en geven ook echt antwoord op die vraag. Ook al betekent dit dat ze het artikel waar ik de vraag over stel, niet verkopen. Dat vind ik prettig. Dat voelt eerlijk.

Zo heb ik eens een artikel willen kopen ter verdelging van boktor in een partijtje eiken brandhout wat ik op de kop had getikt. Toen ik vermeldde dat we én kinderen én dieren had, werd me dit ten zeerste afgeraden, aangezien dat spul hartstikke giftig was en niet alleen voor de boktor.

Op mijn vraag, wat ik dan wel kon doen om dit probleem op te lossen, was zijn antwoord simpel, kort en duidelijk. Wegbrengen naar de stort óf het hout gebruiken waarvoor het bedoeld was en het in de brand te steken. Een paar avondjes gezelligheid rond de vuurkorf en het probleem was in rook opgegaan. We hebben gekozen voor het laatste.

Maar nu was ik op zoek naar aardbeiplantjes. In eerste instantie met een beetje tegenzin, want waar de aardbeiplantjes in moesten, had ik in eerste instantie een heel andere invulling voor. We hadden namelijk in onze vijvermuur bloembakjes gemetseld, die in mijn fantasie gevuld zou worden met van die prachtige wolken bloeiende hangplanten die dan over de bloembakjes en de muur zouden stromen als watervallen. Echte blikvangers.

Echter mijn kinderen dachten daar anders over. Zodra hun duidelijk werd wat die gemetselde stenen werden, waren ze gelijktijdig en onwrikbaar van mening dat daar aardbeiplantjes in moesten komen. Zodat ze, al zittend op de vijverrand, kijkend naar de vissen, de aardbeien konden plukken. Ik moet zeggen dat dit mijn idylle in de schaduw zette. Tegen dat beeld kon niets op.

Ik heb de plantjes gevonden, maar er staat geen prijs bij, dus ik loop naar de dichtstbijzijnde winkelbediende. Zodra ik oogcontact heb gevonden, steek ik direct van wal en stel mijn vraag: 'Wat kosten deze aardbeiplantjes?' De dame kijkt mij aan en zegt vrij bruusk, maar ook enthousiast: 'Hoi!!!!' en nog eens 'Hoi!!' en neemt vervolgens de aardbeiplantjes van me aan om ze te scannen bij de kassa.

Ik ken de mevrouw niet, ben niet gewend aan dit soort enthousiaste reacties op mij als persoon, dus typisch Piekje ratel ik mijn hoofd alles af wat ik toch verkeerd gedaan kan hebben om zo'n reactie te verdienen. Vrijwel direct denk ik het te weten: ik had natuurlijk eerst even vriendelijk gedag kunnen zeggen, iets van goedemorgen of zo, in plaats van zo met de deur in huis te vallen. Dus ik sputter iets van: 'Ja natuurlijk, o sorry, goedemorgen, gelijk heb je!'

Met een verwarrend lachje om haar mond, scant ze de aardbeiplantjes, noemt me de prijs; die is oké, dus ik laat haar zien hoeveel ik er heb. Ze vraagt om mijn klantenkaart, nog steeds met dat lachje om haar mond en iets van pret (?) in haar ogen, maakt ze het totaal op. Dan, twijfelend en ietwat onzeker zegt ze: 'Nu zie ik je dan in levende lijve!'

Ik ben perplex. Ik bekijk haar nog eens goed,

ga mijn geheugen af, dat inderdaad nog wel eens
wat gaten heeft, maar heb geen idee wat ze bedoelt. Als ze mijn onzekerheid en verwarring opmerkt, zegt ze uiteindelijk: 'Jij bent toch Piekje?'
En ze geeft me haar hand en stelt zich voor. Blijkt
deze dame, één van mijn eerste, trouwste,
vreemde leden te zijn van mijn Piekje-groep op
Facebook.

De kwartjes zijn gevallen, dat scheelt, maar
nog steeds weet ik me even geen raad, weet ik
niet hoe te reageren. We hebben nog even zitten
kletsen, geen idee wat ik er allemaal uitgekraamd
heb, de helft van wat zij gezegd heeft is langs mij
heengegaan, zo overdonderd was ik, maar uiteindelijk verlaat ik de winkel met mijn aardbeiplantjes.

Wanneer ik weer thuis ben, laat ik het eens
bezinken. Ik ben gewoon herkend, als Piekje!! Ik
voel me als een Bekende Nederlander en heb geen
idee wat ik ermee aan moet. Bovendien realiseer
ik me dat deze onbekende vrouw heel veel weet
over mij, als persoon, over wie ik ben, wat ik doe,
wat ik meemaak en hoe ik in het leven sta. En ik
weet niets, maar dan ook niets over haar. Dat is
een verwarrende ontdekking, die ik nog niet zo
goed tot me door heb laten dringen toen ik begon
met Piekje. Door het delen, maar ook openbaar
zetten van mijn Piekjes op mijn website, zijn er
wildvreemden die me kennen.

Maar al vrij snel daarna voel ik de bevrijding
van mezelf zijn, van eerlijkheid, van trouw zijn
aan mezelf. En dat daar niets mis mee is.

Piekje is wie ik ben, in levende lijve.

63. Bloedbad

Een beetje nerveus ben ik wel. Al een tijdje correspondeer ik met een lezeres van mijn Piekjes. Alles lijkt te kloppen, het klikt. Toeval wil, dat ze ook nog eens in de buurt woont. Dus, onlangs hebben we de stoute schoenen aangetrokken en afgesproken om te gaan hossen door de bossen met onze hondenmaatjes.

Ik heb er zin in, maar ik zou Piekje niet zijn, als ik geen beren op de weg zie. Zo, via de mail is het leuk, maar wat nou als de werkelijkheid tegenvalt? Wat nou, als daardoor onze onderhoudende gesprekken via de mail, nu in één klap afgelopen zijn? Zou toch eeuwig zonde zijn.

Toch ben ik onderweg om haar op te pikken. Ze heeft me, heel attent, instructies gegeven hoe bij haar huis te komen en me gewaarschuwd voor wegafzettingen, maar op de één of andere manier krijg ik het toch voor elkaar om tig keer terug en om te moeten rijden.

Ik ben met de kabouterauto, die gisteren een compleet nieuwe uitlaat heeft gekregen. De garagehouder had me al gewaarschuwd voor een luchtje, maar dat het zó erg zou zijn, had ik niet voorzien. Ik parkeer, ietwat te laat, mijn dampende, rokende auto voor haar huis en schaam me diep. De lucht die onder de auto vandaan komt is niet te harden. Een rijdende stinkbom. Mooie binnenkomer.

Zodra ze naar buiten komt, struikel ik over de woorden in mijn haast uit te leggen waarom de auto zo verschrikkelijk meurt. Gelukkig moet ze er om lachen en propt zichzelf en haar hond met moeite in de auto. Het past precies. Comfortabel is iets anders, maar ook daar slaat ze zich met een grijns doorheen.

Eénmaal op de bestemming aangekomen, laten we mijn auto dampend achter en verwijderen ons snel van dit onwelriekende en op deze locatie totaal misplaatste gevaarte en duiken het frisse bos in.

Zoals altijd, wanneer ik ga wandelen, keert de rust binnen een paar honderd meter, weer terug in mijn hoofd en geniet ik van de wandeling, van onze honden en onze conversatie. Gelukkig is de werkelijkheid, voor mij in ieder geval, niet veel anders dan onze mailwisseling. De honden negeren elkaar op een vriendelijke, goedmoedige manier, dus ook hier geen vuiltje aan de lucht.

Overmoedig pak ik een stok en slinger die voor me uit. Beide honden zijn enthousiast en spannen zich in om als eerste de buit te pakken te krijgen. Al bij de tweede keer gaat het mis. Gelijktijdig grijpen ze de stok met hun bek, een tand schampt langs het oor van Sammie, een piep, een grom en een grauw en ik besluit de stok te laten voor wat het is. De honden rennen verder alsof er niets gebeurt is en we vervolgen onze weg.

Dan komen we ineens tot de ontdekking dat Sammie aan het bloeden is uit haar oor. En hoe. Inmiddels is haar hals al doorweekt. Het wondje op zich stelt niets voor, een klein scheurtje, maar die oren zijn enorm goed doorbloedt en doordat ze haar hoofd telkens schudt, slaat haar kapotte oor met kracht op haar hoofd, wat het wondje steeds groter maakt en het bloed sproeit als een waaier om haar heen. Als je nagaat dat honden, door het schudden van hun bek, hun prooi de nek kunnen breken, kun je je voorstellen met wat voor kracht dat gaat.

We pogen het bloeden te stelpen door het oor met zakdoekjes te verbinden en vast te zetten met een uit een jaszak opgediept elastiekje, maar dat heeft geen zin. Eén keer schudden en ons noodverbandje vliegt al door de lucht. Elke keer weer lijkt het bloeden gestopt te zijn, maar dan schudt ze een keer met haar hoofd, en het bloeden begint weer van voren af aan. We doen ons best om toch nog een beetje van onze wandeling te genieten, maar de glans is eraf. We balen beiden als een stekker.

Wanneer we weer terug zijn bij de auto, prop ik Sammie in een deken op de achterbank, in de hoop dat ze blijft liggen. Ijdele hoop, die auto zal ik nooit meer kunnen verkopen. Een waaier van bloeddruppels siert de bekleding en het plafond van de auto. Sammie is inmiddels doorweekt door het bloed en ziet eruit alsof ze dodelijk gewond is. Het bloed in haar vacht begint te stinken en een penetrante ijzerlucht hangt in mijn autootje.

Ietwat beteuterd zet ik mijn lezeres af bij haar huis. Ik bel mijn man om hem te waarschuwen voor mijn komst, maar vooral om de kinderen bezig te houden, want die zullen zich rot schrikken als ze Sammie zo zien.

Eénmaal thuis, til ik Sammie uit de auto, wikkel de deken om haar heen en hannes met de sleutels om het huis binnen te komen. Daarbij laat ik de deken, die ik angstvallig over haar kop hield, los en ja hoor, zodra ik het huis binnen stuntel begint Sammie te schudden met haar kop, daarmee onze witte muren, het plafond en de vloer besproeiend met fijne bloeddruppels.

Ik haast me de trap op, de badkamer in, waar mijn man het bad al vol heeft laten lopen met lauw water. Het water kleurt donkerrood zodra ik

Sammie erin zet. Voorzichtig was ik de dikke klonters gestold bloed uit haar vacht, ondertussen haar kop stevig vasthoudend. Mijn man komt poolshoogte nemen en schrikt zich een ongeluk. Bij een wondje aan het oor, verwacht je niet een bad gevuld met bloed te zien.

Uiteindelijk met de hulp van het alwetend orakel Google vinden we een manier om het oor te immobiliseren. Het oor wordt over het hoofd gelegd, tussen twee gaasverbandjes met vaseline en daaromheen wordt verband gewikkeld. Niet alleen het oor is zo geïmmobiliseerd, ook Sammie, want ze denkt, dat ze met dat verband om haar kop, eveneens niet meer kan lopen. Doodongelukkig blijft ze liggen waar we haar neerleggen. Ze verroert geen vin meer.

De volgende ochtend wikkel ik het verband eraf en neem een kijkje. Het wondje lijkt dicht te zitten. Tevreden loop ik naar de prullenbak om het verband weg te gooien. Wanneer ik terug loop, zie ik Sammie zitten met naast zich alweer een plasje bloed. Ook de direct omgeving is weer voorzien van de nodige kleur. Gehaast pruts ik er een nieuw verband omheen en bel de dierenarts.

Ik kan direct terecht, dus ik scheur als een malloot naar de dierenartsenpraktijk. Ik zet Sammie op de behandeltafel en leg uit wat er gebeurt is, ondertussen het verband eraf halend. De dierenarts bekijkt het oor en stelt vast dat het wondje inmiddels dicht is. Met een vermoeide stem zegt ze: 'Het heeft zichzelf opgelost, hier hoef ik niets meer aan te doen.' Ze wisselt een blik van verstandhouding met de assistente. Ik zie ze denken: weer zo'n overbezorgde diereneigenaar die overdrijven tot kunst heeft verheven.

Ze heeft het nog niet gezegd of Sammie

schudt een keer met haar hoofd en de dierenarts heeft haar hele gezicht onder het bloed zitten. En haar kleren. En de muren. En de tafel. En alles daaromheen.

Dit verandert de zaak. Voor hechten en de bijbehorende roes is het wondje eigenlijk te klein, dus het moet gelijmd worden. Helaas is de lijm niet voorradig op deze locatie en word ik verzocht de dierenarts te volgen naar een andere locatie. Na een wildwest-achtervolging van twee kabouterauto's dwars door Hardenberg komen we aan in de andere kliniek. Daar wordt het oor succesvol gelijmd.

Als ik bij de balie van de praktijk sta om te betalen, schudt Sammie weer een keer met haar hoofd en wederom regent het bloeddruppels. De witte, steriele ruimte is gelijk een stuk kleurrijker. Het wondje is op een andere plek opengegaan en wordt gehaast opnieuw gelijmd. Deze keer wordt er ook een verband aangelegd en wordt me dringend aangeraden dit de eerste dagen ook zo te houden. Alsof ik dat zelf niet kon bedenken. Maar ik knik braaf en onnozel.

Terwijl ik de kliniek verlaat, zijn er inmiddels al twee mensen bezig om de bebloede welkomsthal schoon te maken. Wetend dat op de andere locatie ook driftig gepoetst zal moeten worden, stap ik, me toch ietwat schuldig voelend, in mijn grijs met rood bespikkelde kabouterauto. Wat een bloedbad. Wat een ravage.

Sammie is de dagen daarop met geen stok in beweging te krijgen. Ze denkt echt dat ze niet meer kan lopen. Stom beest.

Wat mijn rendez-vous met mijn lezeres betreft: tsja... je kan niet zeggen dat ze niet gewaarschuwd was. Typisch Piekje!

256

64. Faalangst

Ik zit achter de laptop, Pieker mijn Piekjes de modderput in, trek ze er weer uit, spuit ze af met de hogedrukspuit en begin weer opnieuw met kneden en vormgeven.

Af en toe slaat de paniek toe, barst ik bijna in tranen uit. Twijfel omklemt dan mijn hart in een ijzeren greep, brokkelt mijn zelfvertrouwen af en vervaagt mijn motivatie in de mist. Ben ik op de goede weg? Maak ik er meer van dan het is? Maak ik mezelf iets wijs?

Verdrinkend in een modderpoel van faalangst, slaat dit een paar minuten later om in totale euforie. Ik ram op de toetsen van het toetsenbord, mijn vingers kunnen mijn gedachten niet bijhouden en ik struikel over mijn ongeduld om de woorden uit mijn hoofd en op papier te zetten. Voordat ik ze weer kwijt ben, voordat ik het draadje weer kwijt ben in de wirwar in mijn hoofd.

Het is etenstijd, ik moet hoognodig gaan koken, maar ik heb geen tijd. Ik moet mijn woorden kwijt. Mijn altijd begripvolle man kookt en zet een feestmaal op tafel. Broodje hamburger speciaal. Ik schrok het eten naar binnen en ren ondankbaar weer naar mijn laptop. Om daar tot de ontdekking te komen dat ik tussen de woorden, de zin niet meer zie.

Met een snik en een zucht, klap ik de laptop weer dicht en staar beschuldigend naar mijn vingers. Alsof die er wat aan kunnen doen.

Ik kom bij zinnen en realiseer me dat ik tekort schiet. Ik nestel me tussen mijn kinderen en mijn man en probeer weer in het hier en nu te komen.

Onlangs ben ik begonnen met het bundelen

van mijn Piekjes. Ik probeer er een rode lijn in te krijgen, ik schrijf, herschrijf, schrap, voeg toe en schiet voor geen meter op. Ik ben bezig met drie verschillende opzetjes en geen van allen kunnen mijn goedkeuring vinden. Hoe langer ik ermee bezig ben, hoe minder ik er in zie. Hoort dit bij schrijven? Gaat elke schrijver hier doorheen? Als een ongeleid projectiel, zoekend naar een nog onbekend doel, roer ik de Piekjes door elkaar, herschik ze, raak de draad kwijt en delete in blinde paniek de helft. Ik besluit drie keer per dag er maar helemaal mee te stoppen en begin net zo vaak weer opnieuw.

Uit alle macht probeer ik mijn focus te behouden, maar dwaal telkens weer af. Als een kind ren ik achter de woorden in mijn hoofd aan, daarmee mijn bestemming uit het oog verliezend. Ik kom terecht op allerlei kleine zijpaadjes, die maar sporadisch belopen worden en die mij doen nadenken over gebeurtenissen en mensen, die ik dacht vergeten te zijn. Sommigen zijn doelbewust onder een laag spinnenweb geschoven, sommigen herinner ik me als de grote schatten die het zijn.

Ik wil heel graag geloven dat ik uit mijn Piekerigheid, die mijzelf (en anderen) soms tot wanhoop drijft, iets kan boetseren dat de mensen laat lachen, een traan laat wegpinken, dat mensen kan raken op wat voor manier dan ook.

Dan roepen alle twijfels de vraag op: waaróm schrijf ik?

In feite, ben ik begonnen met schrijven, simpelweg omdat het op schrift zetten van mijn Piekjes mij zo ontzettend veel plezier, maar ook ontlading geven. Waar het me in het dagelijks leven ontbreekt aan het zelfvertrouwen mezelf te zijn, mezelf te laten zien, lukt me dat op papier wel. Behalve paardrijden is er niets in mijn leven geweest dat me zoveel voldoening geeft om te doen. Bovendien zie ik het als een soort erfenis voor mijn kinderen. Omdat het de fotoalbums aanvult met verhaaltjes. Dat is toch fantastisch? Dat is toch bijzonder? Dat zou toch voldoende moeten zijn?

Waarom hunker ik dan toch zo naar erkenning? Ben ik dan een onverbeterlijke narcist? Heb ik zoveel behoefte aan bewondering, aan schouderklopjes? Of heb ik zo'n laag zelfbeeld, ben ik zo onzeker? Waarschijnlijk een beetje van beiden. Eerlijk is eerlijk.

Dan ineens, uit het niets, heb ik inspiratie voor een nieuw Piekje. Ik schuif mijn bundel-to-be opzij en stort me in de wereld van mijn alter-ego. Ik herbeleef mijn capriolen, dik het hier wat aan en schaaf het daar wat af, maar durf mezelf via mijn Piekje te laten zien. Ik zie en begrijp waarom sommige mensen moeite met me hebben, maar ook waarom mensen van me houden. Via het schrijven van mijn Piekjes accepteer ik, omarm ik wie ik ben en weet ik weer waarom ik het zo fijn vind om te schrijven. Omdat ik daar mezelf durf te zijn en daar vrede mee heb. Dat rimpelt door naar het echte leven. Sinds ik schrijf, heb ik mijn schouders gerecht, staat mijn kop weer omhoog.

Als in een trance, schrijf ik mijn Piekje, herlees het daarna tig keer, pas het hier en daar wat aan en plaats het dan uiteindelijk op mijn website.

Tevreden open ik mijn bundel-to-be weer op mijn laptop. Ik Pieker mijn Piekjes de modderput in, trek ze er weer uit, spuit ze af met de hogedrukspuit en begin weer opnieuw met kneden en vormgeven.

Dankbetuiging

Marcel: zonder jou was er geen Piekje. Jouw rotsvaste vertrouwen en eindeloze geduld is van levensbelang geweest voor Piekje.

Wouter en mama: jullie zijn de aanstichters van Piekje, op veel verschillende manieren. Dank je daarvoor.

Tevens wil ik mijn lezers op Facebook bedanken, voor hun aanmoediging, hun reacties en hun commentaren. Dit gaf mij de energie en de brandstof om door te schrijven. Daarbij in het bijzonder wil ik Marlies Eising bedanken, die menigmaal met een peptalk mijn ingezakte zelfvertrouwen, nieuw leven heeft ingeblazen.

Als allerlaatste, maar niet als minste wil ik natuurlijk mijn kinderen en dieren bedanken. Mijn grote bron van inspiratie!